Erik Neveu

Sociologie des mouvements sociaux

Nouvelle édition

Éditions La Découverte
9 *bis*, rue Abel-Hovelacque
75013 Paris

Du même auteur

L'Idéologie dans le roman d'espionnage, Presses de la FNSP, 1985.
Regards sur la fraude fiscale (avec L. Cadiet), Economica, 1986.
Une société de communication ? Montchrestien, 1997.
Espaces publics Mosaïques (avec B. François), Presses universitaires de Rennes, 1999.

Catalogage Électre-Bibliographie

Neveu, Erik
Sociologie des mouvements sociaux. – Nouv. éd. – Paris : La Découverte, 2000. – (Repères ; 207)
ISBN 2-7071-3220-9

Rameau :	mouvements sociaux : France : 1990-...
Dewey :	303.5 : Processus sociaux. Conflits sociaux (raciaux, de classes, religieux, industriels)
Public concerné :	Tout public

Introduction

Le seuil symbolique de l'an 2000 a suscité force exercices de bilans et rétrospectives historiques. L'un d'entre eux pourrait consister à imaginer une histoire du siècle sans mouvements sociaux : pas de juin 1936, ni de Mai 1968, ni de décembre 1995 pour la France. Pas de mobilisation des Indiens pour l'indépendance derrière Ghandi, des Noirs américains pour les droits civiques avec Martin Luther King dans les années soixante, d'action de Solidarnosc dans la Pologne des années quatre-vingt. En associant à dessein des mobilisations aux images contrastées, vider le siècle de ses mouvements sociaux c'est en purger le syndicalisme, l'écologisme, l'islamisme, les mouvements de libération nationale, le féminisme. Beaucoup de « ismes » sans doute. Mais un mouvement social c'est aussi, d'abord, une mobilisation de femmes et d'hommes autour d'espoirs, d'émotions, d'intérêts. C'est aussi une occasion privilégiée de mettre en discussion des enjeux sociaux, de chercher à dire le juste et l'injuste. C'est parfois aussi l'occasion de faire bouger la société et la politique, de s'inscrire dans une mémoire collective, de donner un repère décisif à une génération.

Trop souvent l'analyse de ces situations ne s'élève pas à la hauteur de leurs enjeux. Les mouvements sociaux suscitent plus souvent la réaction que l'analyse. Ce traitement se marque d'abord dans une rhétorique de la suspicion. Une assimilation implicite du modèle démocratique à la seule procédure électorale fait traiter les mouvements sociaux comme un objet suspect. Ils illustrent l'irruption de la rue, du désordre. Ils sont décrits sur le registre de la déstabilisation, d'une pathologie sociale. La thématique du mystère constitue un second volet de la démission de l'analyse. Les mouvements sociaux apparaissent alors comme un tissu d'énigmes. Souvent imprévus, décrits comme imprévisibles tant dans leur émergence que dans leur dynamique, ils semblent un défi à la rationalité, ce dont témoigne le lexique métaphorique de l'explosion, du carnaval, de la contagion, du défoulement. La mobilisation est alors renvoyée à une dimension irrationnelle ou ludique des comportements sociaux. Cette part de mystère nourrit de nombreux commentaires à chaud visant à identifier des manipulateurs, des chefs d'orchestre clandestins. Le troisième volet de ce traitement paresseux de l'objet est le classement rassurant, rangeant l'imprévu dans une catégorie routinisée : les cycles printaniers de grèves étudiantes, les mouvements « corporatifs », les violences paysannes.

L'analyse fonctionne tantôt — lorsqu'elle est favorable — comme écho du discours des groupes mobilisés, tantôt — lorsqu'elle condamne — comme redoublement d'un travail de maintien de l'ordre. Cette posture juge plus qu'elle n'explique. Elle prête aux contresens historiques qui lisent les mobilisations présentes dans les catégories héritées du passé. La mobilisation des étudiants de Mai 68 a ainsi été présentée par ses acteurs, et une part des commentateurs, comme projection dans le monde monde universitaire du modèle de la lutte du prolétariat contre la bourgeoisie.

Les acquis des sciences sociales permettent de tenir sur les mouvements sociaux un discours plus éclairant parce que attentif à la fois aux déterminants sociaux en profondeur des mobilisations et au vécu de ceux qui participent à l'action. Les sciences sociales peuvent se donner sur le journalisme le privilège de la distance, le temps de l'enquête, de la comparaison systématique, de l'élaboration et de la vérification d'hypothèses théoriquement armées. Elles se distinguent de l'engagement militant par la priorité donnée non à l'identification du bon projet de société, des mouvements « progressistes » ou « populistes », mais au souci de démonter les causalités, de produire de l'intelligibilité. C'est sur ces critères qu'il convient de les juger.

Les questions que soulève une analyse des mouvements sociaux sont abondantes et complexes : pourquoi certains groupes se mobilisent-ils davantage que d'autres ? Quelle est la « rationalité » des mobilisations ? Quel y est le rôle des médias ? Comment les systèmes politiques y réagissent-ils ? Pour tenter d'apporter des éléments de réponse ordonnés à ces interrogations, on cherchera d'abord à préciser la notion souvent confuse de « mouvement social », à comprendre en quoi, pour être familier, le registre de la protestation que traduisent manifestations ou grèves n'est ni le seul ni le plus évident à emprunter face à des tensions ou malaises sociaux. Un aperçu de diverses écoles sociologiques permettra ensuite de repérer à travers quelles « boîtes à outils » théoriques les sciences sociales ont tenté de rendre compte des mouvements sociaux. Enfin, on montrera en quoi, loin de fonctionner comme un défilé de théories, l'analyse sociologique parvient désormais à cumuler des savoirs, à mieux rendre compte de la place des croyances et des émotions, du rapport au politique.

I / Qu'est-ce qu'un mouvement social ?

Introduire une explication savante sur la notion de mouvement social, n'est-ce pas compliquer à plaisir ce que chacun comprend par expérience ? Des individus, ayant souvent en commun d'appartenir à une même catégorie sociale, ont une revendication à faire valoir. Ils expriment leurs demandes par des moyens familiers comme la grève, la manifestation, l'occupation d'un bâtiment public. Décembre 1995 en donnerait une claire illustration.

Le sens commun associe à l'idée de mouvement social un ensemble de formes de protestation, relie au mot des événements, des pratiques. Mais ce constat ouvre précisément des questions. Notre capacité à meubler la notion d'exemples se double d'une fréquente impuissance à comprendre, même à voir les mouvements sociaux d'autres sociétés ou d'autres époques. Si l'historien ne nous fournissait pas une forme de « sous-titrage » de l'événement, comprendrions-nous le message de conflit social qu'adressent à leur patron, en 1730, les ouvriers d'une imprimerie de la rue Saint-Séverin *via* la pendaison de la « grise », la chatte favorite de son épouse [Darnton, 1985]* ? Saurions-nous discerner, derrière les processions des « royaumes » du mouton, du coq et de l'aigle où se regroupent les composantes de la cité de Romans lors du carnaval de 1580, les signes d'une guerre sociale qui se terminera dans le sang [Le Roy Ladurie, 1979] ? Le port d'un brassard noir par les ouvriers sur une chaîne de montage japonaise en pleine activité nous est-il intelligible comme l'expression d'un mécontentement collectif ?

A l'inverse, notre savoir-faire pour identifier les modes de protestation dans « notre » société soulève une autre question : les formes d'expression des émotions liées au sentiment d'injustice seraient assez codifiées pour que des modes d'emploi — d'où viennent-ils ? — canalisent d'avance la protestation ? C'est encore

* Les références entre crochets renvoient à la bibliographie en fin d'ouvrage.

l'association entre mouvement social et expression d'un mécontentement qui ne va pas de soi. D'où vient-il que certains groupes ne recourent presque jamais à ce que le sens commun associe aux mouvements sociaux ? La télévision n'a guère matière à rendre souvent compte de manifestations de retraités ou d'avocats. Serait-ce que ces groupes n'ont rien à revendiquer ? Que certains groupes ne parviennent pas à se mobiliser ? Et pourquoi ? Que d'autres voies que la mobilisation publique peuvent porter leurs revendications ? Lesquelles ?

Enfin, au sein des phénomènes que le langage courant associe aux mouvements sociaux, ne convient-il pas d'opérer quelques distinctions ? Il n'est pas absurde d'étiqueter comme mouvements sociaux l'Intifada, une grève de la faim de sans-papiers, une démission collective de pompiers volontaires mécontents. En rester là serait un réflexe de brocanteur du social, non d'analyste.

Dimensions de l'action collective

Pour être banalement employé, le terme d'action collective n'est pas sans poser problème. Il est significatif que les ouvrages de synthèse français qui l'utilisent pour proposer un panorama des analyses sur les mobilisations recourent à des sous-titres tels que « Lutter ensemble » [Fillieule et Péchu, 1993], ou « Mobilisation et organisation des minorités actives » [Mann, 1991] pour expliciter leur propos. La difficulté naît ici de la polysémie de l'adjectif « collectif ». Sous peine de produire un inventaire plus digne de Prévert que de Durkheim, il faut opérer une série de tris dans ce « collectif ».

L'agir ensemble comme projet volontaire

En partant d'une définition très molle de l'action collective, qui l'identifierait aux situations dans lesquelles se manifestent des convergences entre une pluralité d'agents sociaux, une variable d'intention de coopération peut aider à procéder à un premier tri. Les phénomènes auxquels Raymond Boudon a associé la notion d'effets pervers ou émergents méritent ainsi d'être isolés. Cette notion recouvre les processus qui résultent d'une agrégation de comportements individuels, sans intention de coordination. L'opération « escargot » de chauffeurs routiers qui bloquent un périphérique produira un résultat comparable au bouchon suscité par les vacanciers qui se précipitent en voiture vers les plages. La différence est cependant claire entre une action concertée, liée à des revendications, et un résultat imprévu, parfois imprévisible, découlant de l'addition de milliers de départs en vacances individuels.

Pour avancer vers une définition précise du « mouvement social », les processus de diffusion culturelle sont justiciables d'une même exclusion. Il existe assurément du « collectif » dans les phénomènes de mode, de diffusion de styles de vie ou d'innovations. Mais ce collectif résulte pour une part d'effets d'agrégation qui sont ceux du marché. A travers des millions de décisions sérialisées, libres — dans les limites de tout le travail de construction des définitions de la mode et du moderne qu'opèrent les instances de critique, la presse, la publicité —, l'action des individus engendre des verdicts collectifs, souvent dotés d'une dynamique contraignante (il faut « en être »). Ceux-ci se traduisent en modes vestimentaires, artistiques, en consécrations qui peuvent se porter sur des objets, des thèmes (la défense de la nature...). Mais pour être modelés socialement, ces phénomènes ne sont pas en général le fait d'une intention explicite de coopération ou d'action concertée. Le trop de succès d'une mode peut même incommoder ses adeptes, qui voient dans son extension une perte de distinction. Par ailleurs, il ne suffit pas qu'un comportement se diffuse pour y lire une volonté de peser collectivement sur les formes de la vie sociale. Il paraît donc logique de renvoyer les phénomènes de diffusion culturelle, de modes vers la sociologie de la culture ou celle de l'innovation. Ceux-ci jouent toutefois un rôle dans la construction d'identités, d'univers symboliques sur lesquels peut s'appuyer l'émergence de mouvements sociaux. Pour ne donner qu'un exemple, la fin des années soixante s'est accompagnée dans la jeunesse étudiante de la diffusion d'un style vestimentaire et capillaire inédit, d'une banalisation de la consommation de drogues, de nouvelles modes musicales (rock, folk), de nouvelles références intellectuelles (des marxismes à McLuhan *via* la revue *Actuel*). Ces phénomènes de diffusion culturelle étaient alors étroitement liés à l'émergence de mouvements sociaux tels le gauchisme, le mouvement des femmes, celui des communautés. A ce titre, il n'est jamais inutile de s'interroger sur la façon dont des évolutions culturelles peuvent être des indicateurs ou des vecteurs possibles d'essor de mouvements sociaux.

Organisations contre mobilisations : confusion interdite ?

Dans une acception large, la notion d'action collective peut aussi s'appliquer à la plupart des activités liées à l'univers de la production, de l'administration. Le fonctionnement d'une entreprise, d'un SAMU requiert un haut degré de division des tâches, une organisation rigoureuse de l'agir-ensemble. Les différences avec l'univers des mouvements sociaux pourront sembler évidentes. La production de biens et de services ne se distingue-t-elle pas nettement de la mobilisation des énergies pour une revendication ? Le degré d'institutionnalisation n'est-il pas incomparable ? La nécessité de gagner sa vie, l'organisation hiérarchique de l'entreprise, l'importance du travail comme élément structurant des existences garantissent *a priori* que chaque salarié répondra à l'appel de la pointeuse. Les organisateurs d'un meeting ne disposent pas de semblables ressources pour s'assurer que la salle sera pleine, sauf — cela s'est vu — à louer des figurants. La comparaison semblera enfin oublier une dimension de la croyance. Il n'est point besoin d'une foi quelconque dans des valeurs sacrées de l'industrie automobile pour travailler dans un garage. Un minimum de croyance en la « cause » s'impose à l'inverse pour manifester contre l'*apartheid* ou des essais nucléaires.

Bref, l'évidence semble suggérer le caractère parfaitement artificiel d'un rapprochement entre des objets que les classements, pour une fois alliés, du sens commun et de la sociologie associent, pour les uns, à l'analyse des organisations, pour les autres, à l'étude des mobilisations. Mais un retour critique sur ces objets suggère bientôt un ensemble de recouvrements troublants.

Quatre exemples l'illustreront. Le premier renvoie vers l'entreprise. L'une des tendances récentes du management a été d'introduire dans le fonctionnement de l'entreprise des techniques de mobilisation et de motivation souvent voisines de celles des univers militants, voire des sectes, faisant des cadres ou contremaîtres de véritables militants de l'entreprise, cherchant à produire un rapport à la firme qui fasse vivre le salariat comme une forme d'engagement total au service d'une cause [Le Goff, 1992]. En deuxième lieu, le fonctionnement de certaines administrations, dans le domaine de la santé publique par exemple, permet de constater que les démarches mises en œuvre pour promouvoir des politiques publiques ne sont pas sans parenté avec les objectifs et moyens d'action de groupements militants. Est-il absurde de comparer les campagnes de prévention du sida ou de l'alcoolisme que développe le ministère de la Santé avec les actions que peuvent promouvoir le mouvement Aides ou une association antialcoolique ? Deux derniers exemples peuvent illustrer les proximités entre certaines formes d'action militante et la logique des organisations économiques et bureaucratiques. D'une part, les logiques d'entreprise pèsent d'un poids croissant dans le fonctionnement de nombreuses mobilisations. Une des façons à la fois de financer et de populariser une cause passe par le développement d'une gamme de « produits » : livres, tee-shirts imprimés, autocollants, vidéocassettes. D'autre part, certaines structures de type associatif et militant ont connu dans la période récente un processus de professionnalisation qui s'est traduit par le développement d'un corps de permanents et d'experts (juristes, communicateurs) qui aboutit à une organisation interne voisine de celle d'une entreprise de services.

Ces rapprochements aident à comprendre le parti pris au premier abord paradoxal de certaines approches sociologiques qui ont, dès la fin des années soixante [Olson, 1966], sollicité les métaphores de l'entreprise ou des grilles de lecture issues de l'économie pour comprendre mobilisations et conflits sociaux. Plus récemment, dans un article iconoclaste, Erhard Friedberg [1992] remettait en cause la pertinence des clivages entre analyse des organisations, des marchés et des mouvements sociaux. Il observait que l'analyse des organisations s'est constituée en insistant sur « [...] le caractère formalisé de leurs buts, structures et rôles », par opposition à la plus grande fluidité d'autres espaces d'action collective. « Le raisonnement est sous-tendu par une sorte de partition [...]. D'un côté, le monde de l'organisation formalisée signifiant mise sous contrôle et soumission, capitalisation du savoir, transparence et prévisibilité, structuration et non-concurrence [...]. De l'autre, le monde du "marché", de l'"action collective" ou du "mouvement social", c'est-à-dire de la concurrence, du surgissement, du devenir, de l'interaction non structurée, désordonnée et aléatoire, de la fluidité, de l'égalité et de l'absence de hiérarchie » [1992, p. 532]. Friedberg souligne la « double erreur » qui fonde cette vision : erreur par sous-estimation du degré d'organisation et de structuration d'univers en apparence très fluides comme les mouvements sociaux ; erreur par surestimation de la rigueur et de l'originalité de la formalisation des rôles et des structures dans les organisations. Dans cette logique, l'auteur invite à penser organisations, marchés et mouvements sociaux comme un dégradé de situations plus ou moins structurées et formalisées par des normes et dispositifs de régulation, eux-mêmes plus ou moins centralisés et visibles.

L'action concertée en faveur d'une cause

Le résultat de cette tentative de tri dans le feuilleté de la notion d'action collective est de fournir à la fois des mises en garde et des typologies. Les premières renvoient à la diversité de la notion d'action collective et la relient à un réseau complexe de faits sociaux. Il faut réintégrer l'histoire de chaque mouvement social dans un contexte culturel et intellectuel. Mieux vaut aussi ne pas bâtir une muraille de Chine, qui risquerait davantage de ressembler à la ligne Maginot, entre l'univers des organisations et firmes et celui des mobilisations collectives. Cela conduira notamment à solliciter des outils d'analyse issus de la science économique.

La notion d'action collective examinée ici renvoie à deux critères. Il s'agit d'un *agir-ensemble intentionnel*, marqué par le projet explicite des protagonistes de se mobiliser de concert. Cet agir-ensemble se développe dans une logique de *revendication*, de défense d'un intérêt matériel ou d'une « *cause* ». Cette approche donne une définition resserrée qui isole un type particulier d'action collective sans faire violence à ce que l'on pourrait désigner comme les définitions intuitives de l'action collective, à laquelle s'associent des pratiques comme la grève, la manifestation, la pétition. Pour reprendre une expression d'Herbert Blumer [1946], cette action concertée autour d'une cause s'incarne en « entreprises collectives visant à établir un nouvel ordre de vie ». Ce « nouvel ordre de vie » peut viser à des changements profonds ou, au contraire, être inspiré par le désir de résister à des changements ; il peut impliquer des modifications de portée révolutionnaire ou ne viser que des enjeux très localisés. Les individus investis dans la défense concertée d'une cause peuvent être ceux que l'anglais désigne par l'acronyme péjoratif de NIMBY (Les *Not In My Back Yard* — Pas dans ma cour ! — qui refusent une centrale nucléaire ou une autoroute au seul motif qu'elle est près de chez eux) ou les porteurs de revendications plus « désintéressées », plus universelles, tel l'abbé Pierre ou Lech Walesa.

La composante politique des mouvements sociaux

Les formes d'action collective concertée en faveur d'une cause seront désormais désignées sous le terme de « mouvements sociaux ». Ce parti pris obéit à une logique de commodité. Il permet de désigner une classe de phénomènes d'une expression familière. Il vise surtout à enrichir les premiers efforts de définition en introduisant dans ce concept un élément d'articulation à l'*activité politique*. Comme a pu le souligner Alain Touraine [1978], les mouvements sociaux sont, par définition, une composante singulière et importante de la participation politique.

Une action « contre »

Un mouvement social se définit par l'identification d'un adversaire. Si des collectifs se mobilisent « pour » — une hausse de salaire, le vote d'une loi —, cette activité revendicative ne peut se déployer que « contre » un adversaire désigné : employeur, administration, pouvoir politique. Cette donnée implique d'attribuer un statut à part à toutes les formes d'action collective qui, tout en répondant aux critères posés précédemment, visent à répondre à un problème ou à une revendication en mobilisant au sein du groupe, et là seulement, les moyens d'y répondre. Ce registre du *self-help* s'est illustré en particulier à travers le mouvement mutualiste et coopératif, par lequel le mouvement ouvrier, la paysannerie, certains segments du secteur public ont développé une mobilisation originale visant à mettre sur pied, à partir de cotisations volontaires des affiliés, des systèmes de protection contre la maladie, d'assurances, des réseaux d'approvisionnement pour les besoins professionnels (engrais) ou la consommation familiale à des tarifs plus avantageux que ceux du marché privé. Une telle mobilisation contourne le conflit. Elle puise au sein de la communauté les énergies et les ressources pour produire le « nouvel ordre de vie », refuse l'affrontement frontal. On se gardera cependant, là encore, de construire un clivage absolu. Les expériences mutualistes ou coopératives gagnent à être analysées en lien avec les mouvements sociaux, à l'égard desquels elles ont aussi souvent constitué un complément qu'une alternative.

Modèle coopératif et politisation

Le Finistère voit se développer à la fin du XIXe siècle un système coopératif sophistiqué, fédéré à partir de 1911 par l'Office central de Landerneau. Le réseau coopératif ainsi construit ne requiert pas de ses adhérents une participation intense. Il leur offre un ensemble de prestations qui visent à répondre à un maximum des problèmes que peuvent rencontrer les paysans. Initialement concentrée sur un système d'assurances contre la perte du bétail, de points de vente où les agriculteurs peuvent acheter à moindre coût les engrais et produits nécessaires à leur activité, l'offre de service ira se diversifiant : commercialisation des produits des exploitations, formation professionnelle, tentatives pour imposer un modèle type de bail rural prévenant les conflits entre fermiers et propriétaires. « Landerneau » contrôle aussi dans les faits les structures syndicales agricoles du département, canalisées dans la logique corporatiste qui est celle de l'Office.

Promu par des catholiques sociaux, encadré par des aristocrates ruraux, ce registre paysan du *self-help* est aussi pensé par ceux-ci comme un outil destiné à préserver les équilibres de la société rurale traditionnelle, à contenir la pénétration de l'État républicain dans les campagnes. « Pendant cinquante ans, l'Office central a remplacé les services agricoles de l'État dans la région. C'était comme s'ils n'avaient pas existé », note en 1960 un responsable de la coopérative. Le projet explicite des dirigeants de Landerneau est de gérer localement, sur un registre corporatif qui laisse l'État hors du jeu, l'ensemble des problèmes et tensions que retraduisent dans d'autres régions les partis politiques, de préserver par là le poids et le rôle des élites rurales traditionnelles. Le modèle de Landerneau — qui dominera le département jusqu'aux années soixante — offre un cas d'usage *dépolitisant* des structures coopératives puisque celles-ci œuvrent à monopoliser la gestion des problèmes sociaux qui font l'objet de politiques publiques (politique agricole), à figer une société rurale gérant ses tensions sans connexions au système politique national et aux luttes partisanes, disqualifiées comme facteur de division du monde paysan. « Le système corporatif met sous le boisseau les tensions et les conflits d'idées et d'intérêt », souligne Suzanne Berger dans son étude significativement intitulée *Les Paysans contre la politique* [1975].

Cet usage dépolitisant et conservateur du mouvement coopératif n'est cependant ni une fatalité pour ce type d'institutions, ni le mode obligatoire d'organisation du monde rural. Le développement du mouvement ouvrier dans les pays d'Europe du Nord s'est appuyé sur des réseaux de mutuelles et de coopératives de consommation. A l'époque même de l'apogée de « Landerneau », les paysans du département voisin des Côtes-du-Nord sont plus investis dans des mobilisations liées aux partis et aux enjeux politiques nationaux. L'hégémonie de « Landerneau » dans le Finistère même sera d'ailleurs remise en cause dans les années soixante par un mouvement social animé par de jeunes paysans socialisés par la Jeunesse agricole chrétienne, beaucoup plus mobilisés, directement tournés vers une exigence de réformes par l'État.

Sources : S. Berger [1975], D. Hascoët [1992].

Un mouvement social est-il nécessairement politique ? Il faut définir cette notion pour y répondre. Il est possible, comme cela fut le cas dans les années soixante-dix, de considérer comme « politique » tout ce qui relève des normes de la vie en société. La conséquence — revendiquée — d'une telle définition est que tout est politique, notamment les mouvements sociaux. La lutte pour une hausse de salaire ne soulève-t-elle pas la question de la répartition sociale des richesses ? Cette définition comporte un mérite : celui de rappeler les rapports de pouvoir et de sens qui s'investissent dans les actes les plus banals du quotidien, de souligner la possibilité de les changer par la mobilisation. Mais une conception qui met le politique partout rend impossible de percevoir sa spécificité. L'éclairage retenu ici sera différent. Prend une charge politique un mouvement qui *fait appel aux autorités politiques* (gouvernement, collectivités locales, administrations…) pour apporter, par une intervention publique, la réponse à une revendication, qui impute aux autorités politiques la responsabilité des problèmes qui sont à l'origine de la mobilisation. L'infinie variété des mouvements sociaux interdit de les considérer *a priori* comme automatiquement politiques. Une grève limitée à l'espace de l'entreprise, des mobilisations d'intégristes visant à s'opposer, en 1988, à la diffusion d'un livre de Rushdie peuvent constituer des conflits qui se règlent entre protagonistes privés, au sein de ce que le langage commun désigne comme la société civile. La publicité que reçoivent ces conflits dans les médias, leur discussion dans l'espace public ne suffisent pas à leur donner un caractère politique. Celui-ci n'intervient que lorsque le mouvement social se tourne vers les autorités politiques : dans le cas de Salman Rushdie, lorsque les mobilisations demandent au gouvernement britannique d'interdire la vente des *Versets sataniques* ou, à l'inverse, de faire respecter par l'action de la police la liberté d'expression. La diversité des situations et des adversaires contre lesquels se construisent les mouvements sociaux n'interdit pas de souligner des évolutions lourdes dans leur rapport au politique.

Les tendances à la politisation des mouvements sociaux

Historien-sociologue américain, Charles Tilly a mis en évidence [1976 ; 1986] la tendance historique à la politisation des mouvements sociaux et ses racines. D'une façon schématique, on peut suggérer que, dans le cas français, les processus de mobilisation demeurent essentiellement locaux jusqu'au début du XIXe siècle. Dans une société rurale, régions et « pays » demeurent faiblement connectés à un centre économique et politique national [Weber, 1983]. Les mouvements sociaux se concentrent alors en affrontements restreints à l'espace de communautés locales, souvent dans une logique de face-à-face direct. La cible des protestations appartient le plus souvent à un univers d'interconnaissance qui fait que l'adversaire est un individu connu avant d'être le représentant d'une institution abstraite (firme, administration).

Deux processus vont bouleverser les conditions dans lesquelles se développe l'activité protestataire. Il s'agit, en premier lieu, du mouvement de « nationalisation » graduelle de la vie politique à travers l'unification administrative du territoire, l'essor du suffrage universel, le renforcement du rôle de l'État. Le pouvoir politique apparaît de plus en plus nettement comme le foyer de la puissance, ce d'autant que l'extension du suffrage s'accompagne du développement par le personnel politique — républicain en particulier — de catalogues de promesses plus précises, plus étendues quant à leur objet [Garrigou, 1992]. Par ailleurs, la dynamique de la révolution industrielle contribue à disloquer et à désenclaver les communautés locales, à soumettre les activités économiques aux mécanismes abstraits du marché. Elle fait reculer simultanément le poids des situations d'interconnaissance, des rapports de face-à-face, éloignant physiquement et symboliquement les figures de pouvoir de l'expérience quotidienne. Ces tendances lourdes se sont accompagnées d'un processus d'élargissement des interventions étatiques. Pour une part, ce développement est le fait d'initiatives propres aux gouvernants et aux forces sociales dominantes pour répondre à ce qu'ils perçoivent comme des besoins : formation des cadres et de la main-d'œuvre par le système scolaire, lutte contre les « fléaux sociaux » par des politiques d'hygiène et de santé publique. Pour une autre part, ce développement est le fruit de mobilisations qui visent à obtenir, par le canal de la loi, des droits et protections que les rapports de force qui président au contrat de travail n'ont pu faire aboutir. C'est le processus d'invention du droit social.

Le résultat convergent de ces tendances est de produire une forme d'ubiquité de l'État. Intervenant plus et sur plus de choses, plus visible, le pouvoir politique est de plus en plus perçu comme le destinataire privilégié des protestations. Dès le milieu du XXe siècle, les mouvements sociaux privilégient, spécialement en France, le recours à l'État jusque dans les grands conflits du travail (accords Matignon de 1936 ; négociations de Grenelle en 1968). Inséparable de la construction de l'État social, cette logique de politisation va être confortée par d'autres données.

L'histoire même des mouvements sociaux passe par la coûteuse expérience des limites de victoires sectorielles, et du raccourci corrélatif que représente le recours à l'État. Les États-Unis, pourtant réputés dans les mythologies contemporaines être le monde des initiatives de la société civile, en donnent un exemple éclairant [Oberschall, 1973 ; McAdam, 1982]. Dans la lutte contre la ségrégation raciale dans les États du Sud, les organisations noires des années cinquante vont au départ construire des mobilisations locales, dont les enjeux consistent à faire reculer la ségrégation de façon concrète sur les sites de conflit. La popularité de Martin Luther King doit ainsi beaucoup au long mouvement de boycott des bus scolaires réservés aux enfants noirs qu'il anime en 1955-1956 à Montgomery (Alabama). La dynamique du mouvement repose d'abord sur la diffusion de ces mobilisations locales. Le 1er février 1960, un groupe de jeunes Noirs d'un *college* local réalise le premier *sit-in*. Ils s'assoient dans la partie réservée aux Blancs d'une cafétéria de Greensboro (Caroline du Nord) et refusent de partir aussi longtemps qu'ils n'auront pas été servis. Deux mois plus tard, le nombre de *sit-in* dépasse les soixante-dix, dans quinze États. Malgré cela, les mobilisations locales se révèlent épuisantes et très coûteuses en énergie. Même lorsqu'elles aboutissent à la victoire, et obligent un shérif ou un gérant de cafétéria à mettre un terme à des pratiques racistes, ces luttes n'ont d'effet que ponctuel. Les succès acquis dans un comté ne font que rendre visibles ceux à arracher dans cent autres. La stratégie du mouvement pour les droits civiques va donc se déplacer vers le pouvoir fédéral à Washington. Il s'agit désormais d'orienter les mobilisations vers une intervention fédérale sous la forme de lois, de décisions de la Cour suprême qui interdisent les pratiques racistes explicites ou larvées. Cet appel au pouvoir central évite la dispersion du combat contre une quinzaine de législatures d'États fédérés, des centaines de shérifs. On voit par là en quoi de simples considérations tactiques d'efficacité, nées de l'expérience de la lutte, contribuent aussi à une tendance lourde à l'appel à l'État, à la politisation des mobilisations.

Politiques publiques, opacité, politisation

D'autres données sont venues depuis l'après-guerre conforter ces évolutions. Elle découlent de la place prise par les politiques publiques, et des incidences des processus de construction européenne et de « globalisation » de l'économie. La notion de politiques publiques [Muller, 1990] désigne l'action des autorités étatiques, lorsque celles-ci traitent de divers dossiers, par opposition à la politique comme lutte pour l'exercice du pouvoir. Plus explicite, l'anglais oppose les *policies* — politique agricole, politique énergétique, etc. — aux *politics* — programmes électoraux, stratégies partisanes.

Les politiques publiques sont une dimension centrale de l'activité gouvernementale. Elles sont aussi la résultante du processus historique de division sociale du travail qui engendre une société de plus en plus sectorisée, fragmentée en micro-univers : agriculture, recherche, santé publique, transports, etc. Chacun de ces sous-univers tend à se réguler, à travers des processus de décision issus des négociations entre les administrations, groupes de pression, institutions qui lui sont propres. Ainsi, si la définition des politiques agricoles s'est généralement achevée par un débat parlementaire et le vote de lois d'orientation, ces textes ne faisaient pour l'essentiel que reprendre des choix issus des négociations entre hauts fonctionnaires du ministère de l'Agriculture, syndicats paysans, chambres d'agriculture, etc. Or, la juxtaposition de politiques sectorielles nées d'une série d'univers sociaux compartimentés n'aboutit pas magiquement à une politique globale cohérente. Les dysfonctionnements d'un secteur social sont, en bien des cas, les effets indirects de politiques publiques sur d'autres secteurs. Une part du « problème des banlieues » actuel découle directement de politiques du logement à courte vue qui, dans les années soixante, ont stimulé l'accès à la propriété, avec des arrière-pensées électorales, aboutissant à des situations accrues de ségrégation sociale dans l'habitat, d'aggravation des conditions de vie faute de politiques parallèles de maîtrise des implantations d'emplois, des transports. Bref, le développement des politiques publiques engendre… un besoin de politiques publiques plus rationnelles pour anticiper sur les effets des choix pratiqués dans d'autres secteurs.

Le lien entre les politiques publiques et l'hypothèse de politisation tendancielle des mouvements sociaux est au moins double. En stabilisant des espaces et des procédures de négociation, où les pouvoirs publics jouent un rôle clé, autour des enjeux propres à chaque micro-univers social, chaque politique publique suscite le désir des groupes mobilisés d'être reconnus par telle ou telle bureaucratie étatique comme interlocuteur légitime, rend visible la nécessité d'être dans le club des acteurs stratégiques pour peser sur les décisions. Mais, surtout, les politiques publiques sont de formidables instruments d'*opacité*. Elles fonctionnent pour les profanes dans ce qui est la pénombre de marchandages entre des groupes aux sigles mystérieux. Les phénomènes d'internationalisation (OMC, Union européenne) multiplient les partenaires, éloignent spatialement le site et les acteurs de la décision, suscitent un sentiment d'illisibilité, d'opacité des choix. Des questions en apparence aussi simples que « Qui a décidé ? » « Où ? » « Quand ? » « Pourquoi ? » prennent la forme d'énigmes. On comprend que, faute d'un adversaire identifiable, d'une lisibilité des phénomènes qui les affectent, les groupes et organisations se tournent vers l'État et les autorités politiques, perçus comme le seul « guichet » accessible, comme le siège d'un savoir et d'un pouvoir d'action — au demeurant revendiqués en période électorale — sur un monde complexe, sur des autorités lointaines et supranationales. Le mouvement des marins-pêcheurs au printemps 1993 peut illustrer ces phénomènes. La colère des pêcheurs, liée à une chute des cours du poisson elle-même aggravée par des importations de pays non membres de l'Union européenne, pouvait malaisément trouver un adversaire proche et identifiable. Affectés eux-mêmes par cette crise, les mareyeurs de villes portuaires ne pouvaient s'en voir imputer la responsabilité. Les décisions et réglementations élaborées à Bruxelles par une administration à la fois lointaine, peu personnalisée et au fonctionnement mystérieux se prêtaient mal à l'identification d'un adversaire auquel la confrontation soit possible. Il n'est alors pas étonnant que les interviews de pêcheurs publiées par la presse fassent une large place à un sentiment de complot contre la pêche française, à l'évocation de mystérieuses influences internationales. On comprend aussi le réflexe de la profession : se tourner vers le seul « guichet » à la fois proche, identifiable et présumé efficace, le gouvernement français et le ministre de tutelle.

Une arène non institutionnelle ?

En s'inspirant librement des travaux de Stephen Hilgartner et Charles Bosk [1988], on définira une arène comme un système organisé d'institutions, de procédures et d'acteurs dans lequel des forces sociales peuvent se faire entendre, utiliser leurs ressources pour obtenir des réponses — décisions, budgets, lois — aux problèmes qu'elles soulèvent. Deux éléments sont à souligner. Une arène est un espace de mise en *visibilité* et de traitement d'un dossier considéré comme problème social. Les arènes reposent sur des processus de *conversion de ressources*. Investir dans une arène, c'est y viser, à l'issue du processus des gains, l'acquisition de ressources ou de pouvoirs dont on ne disposait pas au début. Lorsque les travailleurs indépendants du mouvement Poujade investissent en 1956 l'arène électorale, ils visent à obtenir, à travers la transformation d'une organisation de type syndical en mouvement politique, un relais au sein du Parlement qui leur donne un pouvoir direct d'élaboration des lois les concernant. Quand les associations des familles de victimes du sida à la suite de transfusions sanguines utilisent l'arène judiciaire, elles y investissent des ressources — de l'argent, des compétences juridiques, la capacité d'ester en justice que donne la loi de 1901 sur les associations. Elles en retirent des ressources comparables à celles qu'elles avaient investies — de l'argent sous forme d'indemnisations — et, de façon plus essentielle pour elles, un gain symbolique à travers la reconnaissance par les tribunaux d'une faute, les sanctions qui frappent des autorités jugées coupables.

L'arène des conflits sociaux

Les mouvements sociaux peuvent utiliser les arènes sociales institutionnalisées : médias, tribunaux, élections, Parlement, conseil municipal. Mais en rester à cette observation ferait passer à côté d'un trait essentiel des mouvements sociaux. A travers la palette des actions protestataires, ils sont aussi les producteurs d'une arène spécifique : l'arène des conflits sociaux à travers les grèves, manifestations, boycotts, campagnes d'opinion. L'un des traits singuliers de cette arène est de fonctionner comme un *espace d'appel*, au double sens du terme. L'appel vaut littéralement comme cri, expression d'une demande de réponse à un problème. Il vaut aussi au sens judiciaire de recours à une juridiction plus élevée pour obtenir la modification d'un premier verdict tenu pour injuste. En faisant appel — au sens de demande — à la mobilisation, à l'opinion publique, le mouvement social fait aussi appel — au sens judiciaire — de ce qu'il perçoit comme un refus de l'entendre ou de lui donner satisfaction au sein des arènes institutionnelles classiques. L'acquittement en 1992 des policiers de Los Angeles qui s'étaient rendus coupables du tabassage de l'automobiliste noir Rodney King va provoquer en quelques heures d'énormes émeutes dans les quartiers noirs. Cette mobilisation aura pour effet en retour de contraindre les pouvoirs publics à une réouverture de l'arène judiciaire ; à un nouveau procès au terme duquel les comportements racistes du *Los Angeles Police Department* seront en partie sanctionnés. Elle aboutit aussi, à travers la mise sur pied d'une énième commission d'enquête sur les troubles raciaux, à réintroduire dans l'ordre du jour des médias et des autorités municipales et fédérales les questions liées aux tensions entre groupes ethniques, aux politiques de la ville [Baldassare, 1994]. C'est aussi l'interconnexion des arènes qui ressort ici, la fonction de l'arène des mouvements sociaux comme espace d'accès aux arènes institutionnelles.

Ce schéma d'analyse contient des présupposés qui gagnent à être explicités. Décrire les mouvements sociaux comme producteurs d'une arène singulière où s'expriment des revendications qui ne trouvent pas accès ou solution dans les arènes plus institutionnalisées, comme les parlements, les ministères, la presse, revient à identifier les mouvements sociaux aux seules mobilisations des groupes « dominés », « exclus », « marginaux », pour emprunter au lexique de la mise à l'écart. Pareille description risque alors de tomber dans le piège que signalait Friedberg : opposer un univers de l'institutionnalisé, de l'organisé, régi par des règles et des procédures fermes, à l'effervescence créatrice et confuse des mouvements sociaux.

Un registre d'action dominé ?

Faut-il considérer que les mouvements sociaux sont, par essence, les armes des faibles en quelque sorte réduits à manifester et à faire grève faute de pouvoir être entendus par des voies plus institutionnelles ? Une telle vision peut aboutir à des simplismes. Une conception essentialiste de la « domination » pourrait y conduire. Existeraient alors des groupes et classes assignés en permanence au triste statut de dominés, à l'obéissance dans tout rapport de pouvoir. La diversité des formes de domination est un fait que l'expérience comme l'héritage de la sociologie, depuis Marx et Weber, se conjuguent pour illustrer et expliquer. Que des groupes (ouvriers, populations colonisées, etc.) subissent, en des moments historiques donnés, une forme de cumul de situations de domination économique, culturelle, politique constitue un autre fait objectivable. Mais si les formes de la domination sont plurielles, elles n'existent aussi que relationnellement. Parler sociologiquement des formes de domination suppose d'en réintroduire les protagonistes dans des réseaux structurés d'interdépendances. Un groupe de négociants d'une cité portuaire peut être « dominant » dans l'espace local, quantité négligeable et par là « dominé » dans un espace national ou international. Des agriculteurs âgés peuvent être en position dominée et dépassée dans leur univers professionnel et se trouver au centre de réseaux de sociabilité et de pouvoir lors des élections au village. La notion de domination retenue ici est *relationnelle*, ne préjuge pas des formes plurielles de ce rapport de force.

Une autre simplification, soulignée par Michel Offerlé [1994], consisterait à construire une dichotomie rigide entre l'univers — suspect — des mouvements sociaux et celui — plus présentable — des groupes de pression. Ce serait laisser échapper les éléments de continuité et de recouvrement entre ces deux catégories qu'il faut penser sur le mode d'un dégradé de situations. Un mouvement social qui dure et réussit tend à se cristalliser en groupe de pression, à disposer d'accès routinisés aux lieux de décision, comme le montre l'histoire du syndicalisme européen. A l'inverse, un groupe de pression qui sent ses interlocuteurs insuffisamment attentifs s'emploiera à mobiliser des soutiens. La Mutualité française le fit dans les années quatre-vingt contre des projets de réforme de la Sécurité sociale.

La question du rapport à la publicité (au sens juridique) est probablement un point de clivage plus décisif. Les mouvements sociaux ont besoin de publicité : celle des médias, de l'argumentation publique, du tapage aussi. Les groupes de pression peuvent en faire un usage comparable, comme le montrent les actions de communication des industries du tabac. Mais ils fonctionnent d'abord à la négociation feutrée, à l'association permanente et souvent silencieuse aux processus décisionnels que leur assure leur reconnaissance comme interlocuteurs par les autorités politico-administratives concernées. Les paradoxes d'une telle situation à l'égard d'un idéal démocratique valent d'être soulignés. Une part centrale de l'élaboration de politiques affectant la vie quotidienne se déroule sous forme de discussions entre appareils « représentatifs », groupes de pression et segments de la haute administration sans que cela se double toujours d'une publicité des débats et des enjeux dans l'espace public [Rosanvallon, 1981]. A l'inverse, l'action de la « rue », souvent décriée par rapport à un modèle libéral de la démocratie, est, elle, contrainte de se développer dans des conditions de publicité qui donnent davantage prise au jugement critique de l'ensemble des citoyens.

En prenant au sérieux ces réserves, il reste possible de donner une réponse positive à la question posée. Oui, les mouvements sociaux constituent tendanciellement une arme des groupes qui, dans un espace social et un temps donnés, sont du mauvais côté des rapports de force. Il existe bien une affinité entre la position *structurelle* de dominé et le recours à des formes moins institutionnalisées, moins officielles de prise de parole. On pourrait en suggérer avec Offerlé [1994] une forme d'illustration par l'absurde. Est-il si courant d'assister à des manifestations d'énarques ? Des meetings d'agents de change ? Des *sit-in* de P-DG ? A l'inverse, avons-nous beaucoup d'exemples de colloques de SDF ? de chargés de communication des chômeurs ?

Les répertoires d'action collective

Tilly a élaboré [1986] la notion de « répertoire d'action collective » pour suggérer l'existence de formes d'institutionnalisation propres aux mouvements sociaux. « Les individus concrets ne se retrouvent pas pour l'Action collective. Ils se rassemblent pour adresser une pétition au Parlement, organiser une campagne d'appels téléphoniques, manifester devant la mairie, détruire des métiers à tisser mécaniques, se mettre en grève » [1976, p. 143]. Les groupes mobilisés puisent dans des répertoires disponibles qui leur offrent des genres, des mélodies. Tilly précise sa métaphore en évoquant le jazz, où l'existence d'un répertoire de *standards* n'est jamais exclusive d'improvisations sur les thèmes disponibles.

Le sens de la métaphore est clair. Tout mouvement social est confronté à une palette préexistante de formes protestataires plus ou moins codifiées, inégalement accessibles selon l'identité des groupes mobilisés. La manifestation, la réunion publique sont des formes routinisées d'expression d'une cause, d'une revendication. Elles sont aussi susceptibles d'infinies variations. Certains organisateurs de manifestations sont ainsi devenus de véritables experts en organisation de *happenings* colorés où le défilé peut être accompagné d'orchestres, de distribution de produits du terroir chez les paysans. Ces variations elles-mêmes ne sont jamais erratiques. Elles dépendent d'abord des particularités du groupe mobilisé. Une profession aux effectifs restreints, comme les avoués lors de la réforme des professions de justice, préférera une campagne de presse ou un travail de *lobbying* à la manifestation qui sollicite le poids du nombre. Le monde étudiant, avec ses amphithéâtres qui paraissent prédestinés à un tel usage, se prêtera davantage au rituel des assemblées générales quotidiennes que le milieu paysan, avec son habitat souvent dispersé, sa moindre propension aux joutes verbales sans fin.

Plus profondément, l'apport de Tilly est, à nouveau, de réintégrer le temps long dans l'analyse des mouvements sociaux. La construction des États et le développement du capitalisme engendrent la politisation des mouvements sociaux. Ils affectent aussi leurs répertoires d'action collective. L'analyse de Tilly consiste à cerner dans un premier temps les répertoires typiques d'avant la révolution industrielle, quand les communautés villageoises ou urbaines sont encore peu marquées par une nationalisation systématique des enjeux sociaux. Trois traits se dégagent alors. Les actions protestataires se déploient dans l'espace *local*, vécu, celui de la communauté. Elles fonctionnent souvent par *détournement* ou parasitage de *rituels sociaux préexistants*. Dans son étude sur le Var sous la Restauration, Maurice Agulhon [1970] montre comment ce registre permet aux paysans d'exprimer symboliquement des revendications ou des attentes politiques, par des violences exercées contre un mannequin de paille dont le costume évoque celui des autorités, ou lors de parodies de procession où l'effigie du saint local est remplacée par le buste d'un personnage politique. La dimension du *patronage* constitue une troisième donnée de ces répertoires précapitalistes. Les groupes mobilisés cherchent le plus souvent le soutien d'un notable local, soit comme intercesseur auprès d'autorités plus lointaines, soit comme protecteur contre d'autres membres de la communauté. Edward Thompson a montré, par exemple, combien les débordements qui accompagnaient les fêtes villageoises anglaises, sous forme d'attaques contre les biens et maisons des non-conformistes religieux, reposaient sur la collusion bienveillante entre paysans et représentants de la *gentry*, pourtant investis des missions de police et de justice. Vers le milieu du XIXe siècle, ce répertoire va subir un ensemble de modifications lentes mais radicales. Il se dégage d'abord des frontières de l'espace local pour *élargir ses horizons d'action* : grèves et mobilisations nationales, revendications portées vers le pouvoir central. La protestation acquiert également une *autonomie* croissante, elle s'émancipe du patronage des notables ou du clergé, se trouve prise en charge par des organisations *ad hoc* (syndicats, associations). Elle prend simultanément, et l'influence des compétitions électorales n'y est pas étrangère, des formes plus intellectualisées, plus *abstraites* : programmes et slogans l'emportent sur l'usage de symboles. Les registres expressifs du mécontentement cessent graduellement d'être dérivés de rituels sociaux préexistants pour (ré)inventer des formes d'action pleinement originales comme la grève, la manifestation. La mutation à long terme des répertoires peut aussi se penser comme marquée par un processus de *pacification*, de recul et de maîtrise de l'usage de la violence par policiers et protestataires.

La problématique de Tilly doit elle-même s'interpréter avec souplesse. Le changement des répertoires n'est pas un événement brutal et datable, mais un processus lent où l'invention de formes nouvelles d'action s'accompagne de la survivance d'anciens registres protestataires. Les classements qu'il propose ne sont pas, de son propre avis, figés pour l'éternité. Offerlé [1994] a pu proposer une lecture des répertoires contemporains, autour d'une trilogie des registres de la mobilisation du nombre, du recours au scandale et des discours d'expertise.

Il n'est pas absurde de s'interroger sur l'émergence d'une troisième génération de répertoires. Quatre pistes pourraient nourrir une réflexion sur ce point. Il s'agit d'abord de l'apparition d'une dimension *internationale* des mobilisations [Della Porta et Kriesi, 1998 ; Ollitrault, 1999], bien illustrée par les campagnes de Greenpeace. Un deuxième trait pourrait être identifié à la montée des logiques d'*expertise*, à la nécessité pour les groupes qui interviennent sur un nombre croissant de dossiers (santé publique, énergie, etc.) de mobiliser à leur profit les arguments de la science, des projets chiffrés. En troisième lieu, la dimension *symbolique* que Tilly associait au répertoire local patronné réémerge, mais sous des formes inédites, à travers la systématisation d'un travail volontaire de mise en scène,

Les répertoires d'action collective

Dans la France des années 1650-1850 *Modèle communal patronné*	*Dans la France des années 1850-1980* *Modèle national autonome*
1. Emploi fréquent de moyens d'action normalement réservés aux autorités, pour les ridiculiser, s'y substituer au nom du bien de la communauté. *Exemple* : réquisition de grains.	**1**. Emploi de moyens d'action relativement autonomes auxquels les autorités n'ont jamais ou rarement recours. *Exemples* : grèves, manifestations, pétitions.
2. Défense d'intérêts généraux de corporations ou de communautés plus que d'intérêts particuliers. *Exemples* : sabotages de machines, lutte contre la clôture des terres communales, expulsion d'agents du fisc, batailles rangées entre villages.	**2**. Défense fréquente d'intérêts spécifiques par des groupements ou associations dont le nom même constitue le programme (Union pour…, Association de défense de…). *Exemples* : associations de la loi de 1901, syndicats, groupes d'intérêt, grève d'entreprise plus que de « métier ».
3. Recours à de puissants patrons pour redresser les torts, représenter la communauté. *Exemple* : recours au prêtre, au noble comme intercesseurs.	**3**. Défis directs aux autorités et concurrents, surtout aux autorités nationales, plutôt que recours au patronage. *Exemples* : insurrections programmées, occupations de bâtiments publics, séquestrations.
4. Prédilection pour les fêtes et rassemblements autorisés comme cadre d'expression des doléances. *Exemple* : cortèges tendancieux lors de fêtes (le « carnaval de Romans » analysé par Le Roy Ladurie [1979]).	**4**. Organisation délibérée d'assemblées chargées d'articuler les revendications. *Exemples* : assemblées générales, organisation d'états généraux de…
5. Expression répétée des doléances et revendications sous forme symbolique (effigies, pantomimes, objets rituels). *Exemples* : pendaison de mannequins, le « massacre de chats » analysé par Darnton [1985].	**5**. Déploiement de programmes, de slogans, de signes de ralliement. *Exemples* : campagnes ouvrières pour la journée de huit heures, logos, mots d'ordre nationaux, plates-formes.
6. Rassemblement sur les lieux mêmes de l'injustice, des logis de ses auteurs par opposition aux sièges du pouvoir public. *Exemples* : charivari, sacs de maisons privées et de résidences aristocratiques.	**6**. Action sur les lieux les plus susceptibles d'attirer l'attention. *Exemples* : organisation des grandes manifestations à Paris, mobilisations « médiatiques ».

A partir de Tilly [1986].

de construction d'images autour des groupes et des causes. Patrick Champagne [1990] a pu ainsi analyser les manifestations paysannes comme support de construction d'une mythologie moderne du paysan à la fois entrepreneur et protecteur de la nature. L'idée d'un nouveau répertoire devrait enfin prendre en compte la façon dont les attitudes de *réticence à toute délégation de pouvoir*, spécialement dans les catégories à fort capital culturel, affectent les formes des pratiques militantes.

Si le débat sur l'évolution des répertoires demeure ouvert, la leçon fournie par Tilly est sans ambiguïté. Les mouvements sociaux ne sont pas un univers de pure fluidité, de spontanéité absolue. Ils connaissent des dimensions d'institutionnalisation, des cadres organisateurs. La question de l'organisation en est une autre facette.

La question de l'organisation

Des mouvements sociaux peuvent émerger sans que des organisations préexistantes en soient les initiatrices. Nombre d'émeutes raciales aux États-Unis correspondent à ce schéma, tout comme la plupart des violences dans les banlieues françaises depuis les années quatre-vingt. Mais tel n'est pas le cas le plus habituel. Tout mouvement social qui tente de s'inscrire dans la durée pour atteindre des objectifs est confronté à la question de l'organisation. L'existence d'une organisation qui coordonne les actions, rassemble des ressources, mène un travail de propagande pour la cause défendue ressort comme une *nécessité* pour la survie du mouvement, ses succès. William Gamson [1975] en donne une preuve convaincante à partir d'une étude sur cinquante-trois mobilisations aux États-Unis entre 1800 et 1945. Il définit une norme de « bureaucratisation » des mouvements à partir de critères tels que l'existence de statuts écrits, la tenue d'un fichier des adhérents, une organisation structurée en plusieurs échelons hiérarchiques. Les mouvements sociaux dotés d'une telle organisation parviennent, dans 71 % des cas, à être reconnus par leurs interlocuteurs contre 28 % pour les mouvements moins organisés. Dans 62 % des cas, ils font aboutir une partie au moins de leurs revendications, contre 38 % pour les mobilisations moins organisées. Les chiffres montrent encore qu'une organisation fortement centralisée, mais surtout unie, se révèle plus efficace.

En pratique, l'immense majorité des mouvements sociaux est structurée par des formes plus ou moins rigides d'organisation : relais partisans, syndicats, associations, coordinations, rôle central dévolu à quelques animateurs. Mais ce constat laisse ouvert un débat relatif aux formes de l'organisation. Robert Michels [1914] a théorisé, à partir du cas des partis sociaux-démocrates de la IIe Internationale, une « loi d'airain de l'oligarchie » qui aboutirait inévitablement à la confiscation du pouvoir par les permanents et notables, à l'assignation des adhérents à un rôle passif, à l'affadissement de la combativité des grandes organisations soucieuses de ne pas mettre leurs structures en péril. Ces thématiques parcourent les débats dans les mouvements sociaux. Elles ne débouchent pas tant sur la négation de l'impératif organisationnel que sur la quête de formes d'organisation capables de conjurer ces périls : refus de la subordination aux partis dans l'anarcho-syndicalisme, principe de rotation des cadres et élus dans les organisations écologistes, émergence des coordinations (Hassenteufel [1991], sur le mouvement des infirmières de 1988).

Les mouvements sociaux ne sont donc nullement au pôle d'une pure expressivité, d'un refus de toute organisation. Le débat sur l'organisation, les stratégies possibles de légalisation ou de domestication des mouvements sociaux suggèrent à nouveau qu'entre un mouvement social et un groupe de pression la différence n'est pas toujours de nature, mais peut aussi se penser en termes de trajectoire, de moments d'une institutionnalisation toujours possible, jamais inéluctable.

Piven et Cloward : une sociologie spontanéiste des mouvements sociaux des « pauvres » ?

Dans *Poor People's Movements*, Frances Fox Piven et Richard Cloward [1977] analysent divers mouvements sociaux au sein des couches les plus déshéritées de la société américaine : chômeurs et ouvriers des années trente, mobilisations noires pour les droits civiques, luttes pour les droits sociaux. Ils y relèvent le souci constant des cadres militants de structurer la protestation par une forte organisation et dressent un bilan très critique de cette orientation. « Quand les travailleurs se lancent dans les grèves, les organisateurs vendent des cartes d'adhérent, quand les locataires refusent de payer les loyers et résistent aux policiers, les organisateurs forment des comités d'immeuble, quand des gens brûlent et pillent, les organisateurs profitent de ces "moments de folie" pour rédiger des statuts [...]. Les organisateurs n'ont pas seulement échoué à tirer profit des occasions données par la montée de l'agitation, ils ont typiquement agi en freinant ou limitant la force dévastatrice que les plus défavorisés étaient parfois capables de mobiliser [...]. Le travail de construction des organisations tendait à faire abandonner la rue aux gens pour les enfermer dans des salles de réunion [...]. Pour l'essentiel, les organisateurs tendent à agir contre les explosions sociales parce que, dans leur quête de ressources pour maintenir leurs organisations, ils sont irrésistiblement conduits vers les élites, et vers les soutiens matériels et symboliques qu'elles peuvent fournir. Mais les élites ne lâchent ces ressources que parce qu'elles comprennent que c'est la construction des organisations, pas l'agitation, qui importe aux organisateurs » (p. XXI-XXII).

Piven et Cloward ne prétendent pas produire une théorie générale de la « bonne » organisation, mais une réflexion sur les mobilisations des « pauvres ». Elle repose sur trois arguments. Le premier est le plus contestable empiriquement. Il consiste à souligner que les mobilisations des défavorisés éclatent spontanément. Les deux autres ont trait aux réactions des élites menacées. Celles-ci cherchent alors des interlocuteurs organisés auxquels faire des concessions. Elles oublient promesses et interlocuteurs dès que la menace décline.

Ces deux sociologues ont été eux-mêmes des *organisateurs* de premier plan du mouvement des *welfare rights* dans les années soixante. Leur thèse, inséparablement militante et sociologique, n'est donc pas un refus du principe de l'organisation. Elle suggère davantage une organisation à deux niveaux. Au plan local, des structures souples et décentralisées, usant de méthodes d'action offensives, voire illégales, pour maintenir une mobilisation en développant une action continue, marquée par des résultats tangibles, auprès des interlocuteurs directs (services publics). La force accordée à un illégalisme de masse est ici essentielle. A un second niveau, une « organisation d'organisateurs » (p. 284) faite de travailleurs sociaux, de religieux, d'étudiants aurait une tâche de coordination, d'élaboration d'une stratégie nationale. Cette semi-professionnalisation de la structure de coordination vise à prévenir la perte d'énergie militante de la base dans des luttes de pouvoir internes, dans un *lobbying* soucieux de respectabilité — et par là défavorable aux actions illégales — pour se faire reconnaître des autorités. Jugé potentiellement manipulateur par une majorité des cadres du mouvement, ce second volet sera récusé, au profit d'une organisation centralisée classique qui produira les effets dénoncés par Piven et Cloward et leur interdira de soumettre leur thèse à une vérification pratique.

L'espace des mouvements sociaux

Le modèle de Kriesi

Hanspeter Kriesi [1993] propose une approche de la notion de mouvement social qui permet à la fois de remettre en perspective les distinctions proposées dans ce chapitre et de dresser une cartographie des dimensions et dynamiques de l'action collective. Il s'agit de construire un espace des organisations et investissements militants liés aux mouvements sociaux à partir de deux variables centrales. La première a trait au degré de participation des adhérents. Il peut aller du militantisme le plus activiste à une absence totale de participation autre que le paiement d'une cotisation, une affiliation molle. La seconde variable concerne l'orientation de l'organisation concernée. Elle peut se fixer un objectif exclusif ou principal d'action sur des autorités publiques ou privées, pour défendre une revendication ; elle peut, à l'inverse, s'orienter prioritairement vers les adhérents ou usagers de l'organisation sous forme de prestations de services, d'offres de biens.

L'espace ainsi dessiné comporte quatre zones. La partie inférieure droite correspond à la définition du mouvement social que nous avons retenue. Elle pourrait s'illustrer par la coordination infirmière, les mouvements pacifistes allemands des années quatre-vingt. La partie inférieure gauche regroupe les organisations ayant des missions de représentation politique (partis), les groupes d'intérêt ayant un accès routinisé aux sites d'élaboration des politiques publiques, pour qui la mobilisation militante des adhérents n'est pas une nécessité permanente (on peut songer ici au CNPF, aux chambres des métiers). Dans la partie supérieure droite du tableau se regroupent les organisations de *self-help*. Elles se tournent vers les membres et proches du mouvement social, requièrent leur engagement, mais pour leur fournir des biens et services individuels, sans prendre une part directe à la mobilisation. Elles contribuent cependant à « fidéliser » des soutiens, à faire vivre une sociabilité militante. Le riche réseau des organisations liées au monde enseignant français s'impose ici : mutuelles, coopératives, campings, cliniques mutualistes. Enfin, dans le quadrant supérieur gauche se trouvent les organisations de soutien, qui, sans être toujours dans la dépendance juridique ou financière des organisations du mouvement social, leur apportent un appui logistique : imprimeries et maisons d'édition de l'organisation ou d'un entrepreneur « ami », rôle des instituts des sciences sociales du travail au profit des syndicats dans l'Université française.

Une typologie des organisations liées au mouvement social

(D'après Kriesi [1993])

	Aucune participation directe des adhérents	Participation directe des adhérents
Orientation vers les adhérents/clients	**Services** Organisations de soutien	***Self-help*** Mutuelles, cercles de sociabilité
Orientation vers les autorités	**Représentation politique** Partis, groupes d'intérêt	**Mobilisation politique** Organisations du mouvement social

Trajectoires

Le modèle de Kriesi réintroduit une définition extensive du mouvement social qui rappelle que celui-ci vit aussi comme réseau, univers social parfois autarcique. Le « mouvement ouvrier » des années cinquante peut s'identifier à ses « organisations de mouvement social », aux syndicats, aux grèves. Mais la notion prend toute son extension en y réintroduisant la place des partis communistes comme relais politiques, les sites de sociabilité (colonies de vacances, clubs de jeunes et de loisirs, bals, bibliothèques) organisés par un réseau institutionnel de mairies, d'associations, de comités d'entreprise, le rôle des organisations logistiques (écoles de formation, maisons d'édition). Plus encore, le tableau ainsi construit peut être utilisé pour penser des *trajectoires*, des évolutions. Celle de l'*institutionnalisation* domestique le mouvement social en groupe de pression, le fait glisser vers la partie gauche inférieure du schéma. Celle de la *commercialisation* déporte le mouvement social vers le pôle supérieur gauche du tableau, le transformant en un simple prestataire de services commerciaux. Combien d'enseignants français adhérents de la CAMIF (coopérative de vente par correspondance) en connaissent l'histoire militante ? Y associent une connotation politique ? Dans le scénario de la *convivialité*, le mouvement social se ferme sur lui-même, devient un espace de sociabilité où la chaleur de l'être-ensemble finit par subordonner les entreprises de mobilisation. On peut évoquer ici la Primrose League créée au siècle dernier par les conservateurs anglais pour rassembler autour de fêtes et de loisirs un cercle extérieur de sympathisants, les organisations devenues des clubs d'anciens combattants du social (des banquets d'anciens du parti MRP, créé en 1945 et disparu en 1966, se réunissent encore en 1996). Dans le modèle de la radicalisation, le mouvement social demeure centré sur son dessein militant, sa dimension conflictuelle, renforce sa confrontation à ses adversaires.

II / Les obstacles à l'analyse

En invitant à penser les relations entre ce que l'on pourrait désigner comme le mouvement social *stricto sensu* — les mobilisations — et la nébuleuse des organisations et institutions sociales qui constituent par réseau un mouvement social *lato sensu*, un micro-univers né de la protestation, Kriesi pose une démarche essentielle. Elle consiste, tout en maintenant une définition étroite du mouvement social, à en relier l'analyse à d'autres objets, à le penser *relationnellement*. Cette orientation se heurte en pratique à deux obstacles.

Le premier tient dans l'hyperspécialisation qui gagne les sciences sociales. L'étude des mouvements sociaux y devient lentement une sorte de spécialité à part, avec sa microcommunauté savante, au risque d'oublier les affinités qui associent l'objet à d'autres faits sociaux, permettent d'y apporter une profondeur d'analyse. Le second obstacle est largement inverse. Du fait de leur dimension et des enjeux politiques, les mouvements sociaux suscitent la production de discours hybrides. Les uns masquent des commentaires idéologiques ou politiques sous le couvert de discours savants. D'autres, infiniment plus rares, peuvent intégrer de fortes intuitions sociologiques à travers une réflexion explicitement politique sur l'événement. Pour ne pas fonctionner comme un piège, ces mélanges de genre gagnent à être discutés.

Penser relationnellement les mouvements sociaux

Pour passer d'une consigne abstraite à une démarche pratique, l'appel à un élargissement de l'analyse suppose de répondre à deux interrogations centrales. Pour un individu confronté à des motifs sociaux de mécontentement, dans quel réseau d'alternatives s'inscrit le choix de la mobilisation ? Pour le chercheur, à quels chantiers de recherche relier les mouvements sociaux ?

« Exit, voice and loyalty »

Albert Hirschman [1970] a proposé un modèle d'analyse qui, pour être construit au départ pour comprendre les réactions des consommateurs face aux performances des firmes économiques, n'en fonctionne pas moins efficacement, confronté à l'usager mécontent d'un service public, au partisan déçu d'une cause. Défection, prise de parole et loyauté : c'est à l'intérieur de ce triptyque que se situe l'espace des possibles face à un mécontentement. La défection (*exit*) est silencieuse. Elle se traduit en changement de fournisseur, non-renouvellement de carte, mise en retrait dans l'association. La loyauté (*loyalty*) à la marque ou au mouvement fait accepter ses défauts, la baisse de ses mérites. Les sentiments de fidélité, de devoir à l'égard de l'institution ou du mouvement, l'acceptation résignée de ses défauts sont assez puissants pour faire passer par-dessus les mécontentements qu'il suscite. La parole enfin (*voice*) exprime une protestation contre les performances de la firme, du service, du mouvement. Pareille typologie peut sembler presque simpliste. Hirschman en fait pourtant un outil fécond pour penser les conditions d'émergence et de non-émergence de l'action collective.

Donnons-en quelques exemples. Hirschman suggère que la concurrence peut être une arme anti-prise de parole très efficace. Si telle lessive n'élimine pas les taches, il est plus simple d'acheter un baril d'une marque concurrente que d'écrire au fabricant ou de créer une association de clients. Par analogie, on peut observer que la dégradation d'un service public comme l'enseignement suscitera moins de prises de parole si les familles, et en particulier des milieux fortement diplômés qui sont souvent investis dans les associations de parents, peuvent trouver une offre privée financièrement abordable qui se substitue à celle de l'école publique défaillante. La définition des formes de l'*exit* peut s'élargir : traditions nationales d'émigration (Italie du Mezzogiorno), de mobilité spatiale (États-Unis), mobilité sociale importante, susceptible de soustraire aux rangs des groupes sociaux dominés des porte-parole (IIIe République). Tous ces phénomènes ont des effets directs sur le potentiel des mouvements sociaux. A l'inverse, la fermeture des possibilités de défection rend plus pressant le recours à la prise de parole. Hirschman en conclut aux avantages du monopole public (école, trains) qui contraint les usagers à se mobiliser pour l'améliorer.

Le triptyque proposé permet aussi de comprendre en quoi la focalisation des réactions de clients, usagers, adhérents sur une seule des

Bonheur privé, action publique [1983]

Hirschman va poursuivre sa réflexion sur l'action collective à partir d'une analyse de ce qui lui apparaît comme des cycles, des alternances d'investissement des agents sociaux dans une quête du bonheur et du sens qui les fait sans cesse osciller entre les plaisirs du foyer, de la consommation, de l'intimité, d'une part, l'engagement au service de causes qui les dépassent, d'autre part.

L'hypothèse fondamentale d'Hirschman repose sur la place de la déception au cœur de l'expérience sociale. Elle rejoint par là, sans que l'auteur y insiste, les apports de la psychanalyse quant au caractère fluide du désir, son impossibilité à se fixer définitivement sur un objet. L'étude recense les processus qui conduisent aux déceptions privées, à l'égard de l'univers des marchandises en particulier : décalages entre les attentes et la réalité, lassitude, banalisation ou baisse de qualité par la production de masse, rôle d'idéologies qui stigmatisent la quête des satisfactions matérielles tantôt comme élément de consolidation des inégalités, tantôt comme signe d'un matérialisme vulgaire. La dynamique de la déception peut alors, surtout lorsqu'elle est confortée par un événement détonateur — il peut s'agir de la guerre du Viêtnam ou d'une donnée biographique —, amener une désillusion devant le modèle du bonheur privé, le sentiment de sa dimension étriquée qui pousse à des engagements civiques. De façon provocatrice, Hirschman rend aussi compte de l'engagement dans les mouvements sociaux comme une réponse aux frustrations et déceptions du vote. L'acte électoral serait une forme si épisodique, si diluée d'action politique que seuls des investissements plus puissants pourraient répondre à de fortes passions civiques.

Mais ce qui ressemble fort à une loi d'airain de la déception vaut aussi pour l'action publique. Celle-ci apporte des satisfactions, le sentiment d'œuvrer pour des idéaux nobles ou altruistes. Mais les militants découvrent les effets négatifs du surengagement sur leur vie personnelle, rencontrent le cynisme ou l'arrivisme là où ils attendaient la vertu, ne parviennent pas à réaliser leurs programmes, voient leurs idéaux dévoyés. Cette nouvelle déception peut alors susciter une forme d'engagement cynique ou même corrompu, ou un retour vers le privé, prélude d'un possible nouveau cycle…

Par l'importance des problèmes qu'elles soulèvent, leur originalité, ces analyses sont d'une grande tonicité. Elles laissent aussi matière à débat. L'expérience de l'engagement pour une cause est-elle toujours un moment de socialisation postérieur à l'expérience de la consommation ? Pourquoi les déceptions privées mènent-elles un si faible pourcentage d'individus — et lesquels — vers les mouvements sociaux ? Si des cycles d'engagement et de repli alternent, comment rendre compte de l'apparente synchronisation des comportements compte tenu de la diversité sociale des expériences de la déception ? Ces lacunes découlent en partie d'une insuffisante prise en compte des différences et ancrages sociaux des acteurs, de la part encore trop belle faite à une vision de l'individu comme *Homo oeconomicus* consommateur, d'une perception des mouvements sociaux comme simples résultantes d'arbitrages individuels en matière d'investissements affectifs et matériels. Cette analyse des investissements alternés des individus suggère à la fois le talent critique d'Hirschman et la force d'un impensé d'économiste, jusque chez un des iconoclastes de la tribu. On la complétera utilement par une référence à la conception durkheimienne des cycles sociaux d'effervescence créatrice et d'institutionnalisation (*cf.* Lacroix [1981]).

attitudes risque d'être catastrophique. Trop de loyauté empêche l'organisation ou la firme de se corriger ; trop de défection la ruine ou la vide irrémédiablement de sa force ; trop de prise de parole peut susciter une contestation dévastatrice. Hirschman cite à ce propos les effets de la mobilisation des éléments conservateurs du Parti républicain, qui aboutit en 1964 à l'investiture de Goldwater... et à une déroute électorale, le porte-parole choisi par les protestataires apparaissant à l'électorat comme extrémiste. Hirschman suggère en fait qu'organisations ou entreprises ont tout intérêt à se doter de mécanismes qui évitent la polarisation sur une réaction. Susciter de la prise de parole peut prévenir la défection. Tel est l'un des enjeux de l'enquête réalisée en 1996 par la SNCF auprès de ses usagers pour identifier les causes de mécontentement et y répondre. A l'inverse, jouer volontairement de l'*exit* et de la loyauté peut aider à canaliser la prise de parole. L'*exit* forcé que provoquent les déportations et exils aux lendemains de la Commune de Paris provoquera une atonie durable du mouvement ouvrier français. Soumettre l'entrée dans une association à des parrainages, à des actes initiatiques qui marquent et « mouillent » le postulant revient à conforter sa propension à la loyauté.

Ces aperçus sur le modèle d'Hirschman en suggèrent la fécondité, la capacité à rendre intelligible le caractère jamais inévitable de la mobilisation. Penser relationnellement l'action collective avec Hirschman c'est aussi explorer l'entre-deux des options qu'il dessine. Il peut s'agir de ces « armes des faibles », obéissance feinte recouvrant une sourde opposition aux rapports de pouvoir, dont le personnage du « Brave soldat Chveik » est l'incarnation littéraire. Penser relationnellement c'est aussi se demander, en partie contre Hirschman, si sa trilogie épuise toutes les alternatives de réponse à une situation problématique (*cf. infra*, p. 98).

L'entre-deux *voice-loyalty*. Les armes des faibles

Dans une belle étude sur un village en Malaisie, l'ethnologue James Scott pose la question des moyens de résistance des « faibles ». Les plus pauvres du hameau de Sedaka vivent une situation particulièrement difficile. L'édifice communautaire d'un village où les inégalités étaient en partie limitées par le poids des liens de famille, des solidarités, de l'embauche des pauvres par les grands propriétaires se délite à grande vitesse. L'arrivée des moissonneuses-batteuses dans les rizières réduit les besoins de main-d'œuvre salariée. La monétarisation de l'économie se traduit par de nouvelles formes de rapports contractuels qui excluent les plus pauvres des possibilités de location de terre. Les inégalités se creusent. Le groupe dominant du village détient aussi des puissantes ressources clientélistes qu'offre son contrôle de l'antenne locale du parti officiel. Dans le cadre d'une société non démocratique, dont la culture fonctionne de plus à l'euphémisation de la conflictualité, les faibles sont-ils condamnés au silence par un rapport de force qui semble rendre « suicidaire » le conflit frontal, faire de la docilité le prix de la survie matérielle ?

Scott suggère que sociologues, historiens et romanciers ont volontiers valorisé deux figures du paysan (ou de l'esclave) et deux seulement. D'un côté, la figure épique des grandes révoltes collectives, de l'autre le personnage pitoyable ou abject du paysan soumis. C'est oublier ce qui peut être vécu sous le masque de la déférence, le tissu des actes de résistance minuscules qui font l'espace entre mobilisation et obéissance. Scott relève ainsi, derrière la façade du consensus d'une communauté villageoise à peu près harmonieuse, l'importance d'un commérage qui dévalue symboliquement les puissants. Il relève l'habileté avec laquelle le gros des villageois joue des valeurs, encore légitimes, de solidarité et d'assistance propres à une agriculture précapitaliste, pour arracher aux nouveaux riches assistance et aumônes. Ceux-ci hésitent à les refuser, appartenant encore culturellement au monde qu'ils contribuent à déliter, ayant parfois mauvaise conscience de passer désormais plus de temps à cultiver leur terre que les liens de voisinage. Il observe jusque dans les moments qui semblent perpétuer le mieux un modèle communautaire combien les comportements doivent être réinterprétés : l'assistance qui se presse en souriant à la fête de mariage d'un puissant vient uniquement s'empiffrer et part ostensiblement une fois les plats vidés. D'incessants larcins (riz, fruits dans les vergers, volailles) visent très sélectivement les possessions des privilégiés. Les paysans pauvres manifestent un talent considérable à faire chuter le rendement lorsqu'ils sont embauchés par un riche, à battre les épis avec assez de maladresse pour faire le bonheur de leurs proches qui viennent ensuite glaner. Des pierres judicieusement placées dans les pièces mobiles font tomber en panne les moissonneuses. Il arrive même qu'un potentat local, particulièrement honni, ait quelque mal à trouver une équipe de salariés quand ses machines ne peuvent plus pénétrer dans la rizière détrempée.

Le risque est grand — et Scott le souligne — de romancer ces formes de résistance. Les rapports de force ne sont pas radicalement affectés parce que le propriétaire foncier est affublé d'un surnom grotesque. Le vol d'un sac de *paddy* n'a pas automatiquement une charge subversive. Ces résistances minuscules peuvent même être les équivalents tolérés d'un *pourboire* consenti par les dominants. Scott invite cependant à ne pas substituer la condescendance à la célébration. Des groupes soumis à de pesantes contraintes de survie économique, obligés de résister sous les dehors de la soumission pour ne pas déchaîner la répression ont-ils d'autres stratégies possibles ? Lorsque ces microrésistances font l'objet d'une complicité explicite, sont légitimées par une culture, ne créent-elles pas un espace pour des mobilisations plus ouvertes ? Si le paysan malais n'inscrit pas (pas plus que son homologue français de 1788 ?) dans un horizon du possible et du dicible la réforme agraire, son animosité pour les propriétaires fonciers et usuriers fait qu'il s'y ralliera quand une autre structure d'opportunités politiques, des entrepreneurs de mobilisation viendront modifier l'équilibre des pouvoirs au village. Scott invite donc à penser le continuum complexe des situations et comportements « entre » ces pôles du triptyque d'Hirschman.

Source : Scott, 1985.

Un carrefour disciplinaire

Penser relationnellement les mouvements sociaux, c'est aussi les articuler à des interrogations transversales des sciences sociales, éviter d'en faire un objet à part, réservé à quelques spécialistes.

Trois dimensions au moins désignent ce statut de carrefour. Les mouvements sociaux sont d'abord une forme banale de la participation politique. Celle-ci ne saurait être figée dans le seul acte de vote, parce que l'évolution des définitions des droits de l'homme tend à y intégrer les « droits » de grève, de manifestation, de pétition, parce que, dans nombre de systèmes politiques non concurrentiels, la voie de la mobilisation directe, de l'action collective est la seule disponible, comme l'ont montré les exemples des pays du bloc soviétique et celui de l'Afrique du Sud de l'*apartheid*.

En deuxième lieu, les mouvements sociaux contribuent puissamment à la définition des problèmes sur lesquels une action étatique est attendue. Les émeutes des « quartiers d'exil » [Dubet et Lapeyronnie, 1992], l'action de groupes comme Droit au logement [Péchu, 1996] ont contribué à inscrire à l'ordre du jour des débats et des interventions publiques la question des banlieues, celle du logement des sans-domicile. Par ricochet, c'est toute la question de la construction des politiques publiques qui est impensable sans prise en compte des mouvements sociaux qui pèsent sur la hiérarchie des priorités, la définition des réseaux d'acteurs habilités à intervenir dans la coproduction de ces politiques publiques.

Enfin, les mouvements sociaux sont aussi des espaces où s'expriment et se cristallisent des identités collectives, des façons de vivre son insertion dans la société. La perception de l'identité paysanne, tant par les agriculteurs eux-mêmes que par d'autres groupes sociaux, s'est trouvée profondément remodelée par les mobilisations des trente années passées. Le fait qu'une identité homosexuelle puisse se vivre sur un mode autre que caché ou stigmatisé doit beaucoup à l'émergence et aux mobilisations de communautés homosexuelles depuis la fin des années soixante. Cela fait au total beaucoup de raisons pour penser les mouvements sociaux autrement que comme une curiosité pittoresque ou suspecte.

Problèmes sociologiques et enjeux politiques

Parce que chargés d'une dimension politique, les mouvements sociaux illustrent une difficulté constante des sciences sociales : prendre leurs distances avec les passions de la vie sociale, sans renoncer à traiter des objets « chauds », sans être prisonnières d'enjeux directement politiques.

La psychologie des foules

Un premier exemple caricatural de liaisons dangereuses entre l'analyse scientifique et un climat idéologique peut s'observer à travers l'essor, dans le dernier quart du XIXe siècle, d'un discours savant sur les foules. Gustave Le Bon lui donnera une expression condensée dans sa *Psychologie des foules* [1895]. La foule désigne ici « une réunion d'individus quelconques, quels que soient leur nationalité, leur profession ou leur sexe, quels que soient aussi les hasards qui les rassemblent ». Si Le Bon tente d'introduire une typologie des foules, sa définition est extensive à l'extrême puisqu'il adjoint aux foules, au sens strict, les sectes liées par une croyance, les castes liées par une éducation et un métier, les assemblées parlementaires, etc. L'arbitraire de ce regroupement est justifié par des traits communs associés à la foule. L'individu y perd son autonomie, y subit des processus de contagion des croyances et comportements. Les traits de la foule sont la suggestibilité qui la livre au meneur, le faible contrôle des affects et des instincts qui la rend émotive, imprévisible, dangereuse. A travers des jeux d'association à la consommation d'alcool, à des métaphores féminines, la foule est aussi systématiquement identifiée à un potentiel de déferlement des instincts sexuels, de violence. Si Le Bon est resté à la postérité comme le théoricien de cette psychologie des foules, des représentations similaires imprègnent le climat intellectuel de l'époque. On en trouve les traces chez Taine, dans la criminologie que développent alors Lombroso et Sighele, chez Tarde [1989], même si les travaux de ce dernier ne se réduisent pas tous à ces simplismes. La littérature en témoigne encore, comme le montrent les pages de Flaubert sur la révolution de 1848 dans *L'Éducation sentimentale*. La vacuité de ces analyses, même au regard des travaux savants d'alors, peut donner un aspect mystérieux à leur succès social.

L'historienne américaine Suzanna Barrows [1981] a montré en quoi cette littérature répondait, au lendemain de la Commune de Paris, à un contexte de « panique morale » des élites sociales. Le discours sur les foules fait système avec la dénonciation des « fléaux sociaux » liés aux « classes dangereuses » associées au crime, à l'alcoolisme, à la fréquentation des mauvais lieux. Il s'articule aussi, à travers la dénonciation de la foule « femelle », aux instincts menaçants, à des angoisses sociales liées au mouvement d'émancipation des femmes — les suffragettes, mais aussi la figure des « pétroleuses ». Les craintes nées des effets du suffrage universel, de l'essor des luttes sociales se condensent autour des « foules » comme symbole du populaire. Le Bon l'écrit clairement : « L'avènement des classes populaires à la vie politique, leur transformation progressive en classes dirigeantes est un des traits les plus saillants de notre époque de transition [...]. La connaissance de la psychologie des foules constitue la ressource de l'homme d'État qui veut, non pas les gouverner [...] mais tout au moins ne pas être complètement gouverné par elles. » En mobilisant le langage et certains acquis de sciences naissantes (criminologie, hygiénisme, psychologie), le discours des foules habille d'un vernis savant des préjugés sociaux, enrôle la science pour répondre à des inquiétudes politiques.

Le refoulement de l'héritage marxiste

A la fois analyse théorique des conditions historiques et des déterminants des mobilisations politiques, et doctrine pratique destinée à faire aboutir l'action révolutionnaire, le legs de Marx et des marxistes illustre d'autres facettes des problèmes que pose l'imbrication entre discours savant et discours politique. Il n'existe pas à proprement parler de théorie des mouvements sociaux chez Marx. Ceux-ci sont intégrés dans une problématique générale des luttes des classes. La structuration des classes dans chaque société donne alors une grille de lecture des mobilisations, qu'il est abusif de réduire au schéma mécanique d'une détermination « en dernière instance » par l'économique. Dans une lettre à Joseph Bloch du 21 septembre 1890, Engels écrit : « C'est Marx et moi-même, partiellement, qui devons porter la responsabilité du fait que, parfois, les jeunes donnent plus de place qu'il ne lui est dû au côté économique. Face à nos adversaires, il nous fallait souligner le principe essentiel nié par eux, et alors nous ne trouvions pas toujours le temps, le lieu, ni l'occasion de donner leur place aux autres facteurs qui participent à l'action réciproque. Mais dès qu'il s'agissait de présenter une tranche d'histoire, c'est-à-dire de passer à l'application pratique, la chose changeait et il n'y avait pas d'erreur possible. »

Bien plus que les textes politiques ou polémiques, les œuvres historiques de Marx [1850 ; 1852] et Engels [1850] sur la France et l'Allemagne offrent une analyse fine du « groupe infini de parallélogrammes des forces » (Engels) qui engendre mobilisations et événements historiques. On peut insister sur la précision des pages qui étudient la stratification sociale, les conditions matérielles d'existence et leurs effets sur le potentiel et les formes de mobilisation. La prise en compte des cadres culturels d'une époque ouvre également des perspectives fortes, lorsque Engels [1850] rend compte de la façon dont l'omniprésence de la religion chrétienne contraint les mobilisations paysannes du XVIe siècle à emprunter au langage de l'hérésie religieuse pour exprimer leurs aspirations à des changements sociaux. Enfin, Marx souligne, à travers la fameuse distinction entre « classe en soi » et « classe pour soi », l'importance de la construction d'une conscience collective, d'une identité de classe comme élément stratégique du succès des mobilisations, de la capacité à articuler un projet révolutionnaire.

La réflexion de Marx, infléchie par celle de Lénine dans *Que faire ?* [1902], insistera donc dans cette logique sur l'importance du facteur organisationnel, comme élément de coordination des forces, de construction d'une phalange de militants professionnels, aptes à apporter « de l'extérieur » de la classe ouvrière un cadre théorique qui transcende l'expérience de l'usine, donne une vision stratégique du changement révolutionnaire. Le patrimoine de réflexions marxistes autour de l'objet mouvements sociaux intègre aussi les apports de Gramsci sur la notion d'hégémonie. Le dirigeant communiste italien y développe une réflexion sur la fonction des intellectuels — y compris ceux des partis ou de l'État — comme producteurs de représentations qui contribuent à fabriquer de la conscience collective, du consensus, à cimenter des alliances sociales ou à rendre au contraire leur « prise » impossible.

Au-delà de ces aperçus, l'analyse marxiste des mouvements sociaux soulève des questions inconfortables. Ses apports manifestent qu'il n'existe pas une antinomie automatique entre la visée de l'action politique et celle de la connaissance des déterminismes sociaux. L'action politique peut être porteuse de connaissance. Elle peut incorporer à sa pratique les acquis de la science sociale de son temps. Dans le même temps, l'action militante ne peut jamais être une forme de travaux pratiques d'une théorie savante pure. Elle simplifie pour vulgariser et transforme l'analyse en slogan. Elle vise l'efficacité, la conquête du pouvoir avant celle du savoir, et comporte de ce fait des points aveugles. Les marxismes en donnent l'illustration. En faisant des mouvements sociaux l'expression obligée de rapports de classes, définis par un mode de production, ils peinent à rendre compte de mobilisations structurées par d'autres références identitaires (nationalisme, mouvement des femmes). Des orientations conditionnées par des circonstances historiques — comme le modèle du parti à organisation militaire chez Lénine — deviennent des dogmes théoriques lourds de conséquences. Enfin et surtout, alors même qu'il constitue la seule théorie de la mobilisation politique qui ait réussi à changer la face du monde, le marxisme-léninisme n'a paradoxalement que peu développé la théorie de sa pratique, la réflexion sur les usages instrumentaux du « marxisme-léninisme » aux mains des groupes et institutions qu'il avait contribué à mobiliser et structurer [Pudal, 1989]. Les questions délicates que soulève l'héritage marxiste relatif aux mouvements sociaux tiennent aussi à son refoulement dans la sociologie contemporaine. Tandis qu'il est peu d'ouvrages d'initiation qui ne consacrent plusieurs pages aux élucubrations de Le Bon, les marxistes y sont généralement à peine évoqués, alors même que certains éléments de l'approche « mobilisation des ressources » [Oberschall, 1973 ; Tilly, 1976] recoupent le plus durable des apports de Marx. Cette asymétrie signale aussi le malaise des intellectuels devant un héritage théorique désormais tenu pour politiquement peu fréquentable.

Morphologie sociale et capacités de mobilisation chez Marx

« Les paysans parcellaires constituent une masse énorme dont les membres vivent tous dans la même situation, mais sans être unis les uns aux autres par des rapports variés. Leur mode de production les isole les uns des autres, au lieu de les amener à des relations réciproques. Cet isolement est encore aggravé par le mauvais état des moyens de communication en France et la pauvreté des paysans [...]. Chacune des familles paysannes se suffit presque complètement à elle-même, produit directement elle-même la plus grande partie de ce qu'elle consomme et se procure ainsi ses moyens de subsistance bien plus par un échange avec la nature que par un échange avec la société. La parcelle, le paysan et sa famille, à côté une autre parcelle, un autre paysan et une autre famille [...]. Ainsi la grande masse de la nation française est constituée par une simple addition de grandeurs de même nom, à peu près de la même façon qu'un sac rempli de pommes de terre forme un sac de pommes de terre. Dans la mesure où des millions de familles paysannes vivent dans des conditions économiques qui les séparent les unes des autres et opposent leur genre de vie, leurs intérêts et leur culture à ceux des autres classes de la société, elles constituent une classe. Mais elles ne constituent pas une classe dans la mesure où il n'existe entre les paysans parcellaires qu'un lien local et où la similitude de leurs intérêts ne crée entre eux aucune communauté, aucune liaison nationale, ni organisation politique. C'est pourquoi ils sont incapables de défendre leurs intérêts de classe en leur propre nom [...]. Ils ne peuvent se représenter eux-mêmes. Ils doivent être représentés. »

K. MARX, *Le 18 Brumaire de Louis Bonaparte*, 1852.

III / Les frustrations et les calculs

Pour l'historien Paul Veyne [1971], « étudier la sociologie n'est pas étudier un corps de doctrine, comme on étudie la chimie ou l'économie ; c'est étudier les doctrines sociologiques successives… mais il n'y a pas de processus cumulatif du savoir […]. Cette variété a tout de même un caractère commun, celui de n'avoir rien laissé au creux de notre main ». Les apparences peuvent sembler donner raison à ce jugement sévère. A travers les analyses de Marx, de Le Bon, celles de Tocqueville sur la vie associative aux États-Unis, l'héritage du XIXe siècle est déjà fort contrasté. Les approches qui se développent depuis un demi-siècle, et sur lesquelles trois chapitres vont maintenant se fixer, peuvent donner une pareille impression de disparité. Ces contradictions ne sont pourtant pas le reflet d'un kaléidoscope de spéculations abstraites. A travers la succession et la confrontation des théories, c'est bien un socle théorique ferme que va produire la recherche à la fin des années soixante-dix, laissant « au creux de la main » un précieux capital de savoirs et d'instruments d'analyse.

Tout autant que l'instabilité des constructions théoriques, c'est la difficulté à saisir toutes les facettes des mouvements sociaux qui se révèle ainsi. En évoquant successivement ici l'école dite du « comportement collectif », puis celle de l'action rationnelle, c'est la tension dans laquelle s'inscrit le rapport de la sociologie à ces phénomènes qui ressort immédiatement. Ces deux modèles théoriques n'ont, *a priori*, en commun que d'être chronologiquement les premiers apparus. Leur proximité ne va guère au-delà de ce repère temporel puisqu'ils reposent sur deux problématiques contradictoires. Les théories du « comportement collectif » (*collective behaviour*) éclairent les mobilisations par une *psychosociologie* de la frustration sociale, la prise en compte du pouvoir explosif des aspirations et des désirs frustrés. Le modèle de l'action rationnelle tend au contraire à soumettre les mobilisations à une forme de lecture *économique* qui les banalise, en soulignant combien les individus qui participent à des mouvements sociaux demeurent attentifs à une logique du calcul coûts/avantages qui conditionne leur engagement à la probabilité d'un bénéfice matériel.

L'ampleur même de l'opposition entre ces approches peut susciter la réflexion. Elle suggère le malaise de la sociologie à prendre la mesure exacte des phénomènes à étudier, soit que celle-ci les trouve si singuliers que seul le recours à la psychologie puisse en restituer le sens, soit que l'invocation d'une explication économique aboutisse à l'inverse à nier toute singularité à l'objet, ramené à un cas à peine particulier du calcul des profits par des individus calculateurs. Le fait que ces moments théoriques se succèdent par rupture signale aussi une difficulté que la recherche mettra des années à surmonter : comment restituer les raisons d'agir des individus mobilisés en sortant de la fausse alternative du calcul cynique ou intéressé, ou de l'explosion des frustrations et des émotions ?

Les théories du « comportement collectif »

Un label accueillant

La référence à une école *collective behaviour* est trompeuse. Elle suggère une cohérence intellectuelle là où existent davantage une attention partagée pour de mêmes objets, une forme de migration intellectuelle qui va aboutir, par des cheminements parfois divers, à redéfinir l'approche des mouvements sociaux. C'est l'école de Chicago, et particulièrement Park, puis Blumer qui, dans l'entre-deux-guerres, vont contribuer à faire entrer le comportement collectif au rang des objets légitimes de la recherche sociologique. Mais contribuent aussi à ce moment intellectuel des fonctionnalistes comme Smelser, des auteurs proches de la psychosociologie comme Gurr.

Un premier repère consiste à observer que la notion de comportement collectif « taille large ». Les mouvements sociaux n'en sont qu'une composante, aux côtés d'un ensemble de phénomènes englobant paniques, modes, mouvements religieux, sectes. Pour Blumer, l'élément fédérateur de ces comportements réside dans leur déficit d'institutionnalisation, la faiblesse des cadres normatifs qui y enserrent l'action sociale. Smelser [1962] insiste lui sur l'idée d'une « mobilisation sur la base d'une croyance qui redéfinisse l'action sociale ». Les proportions de ces catégories fourre-tout ne facilitent pas toujours la perception des singularités des mouvements sociaux.

La cohérence qui lie ces approches tient à quatre séries de déplacements. Le premier réside dans l'abandon graduel d'une vision héritée de la psychologie des foules. L'accent est désormais mis sur le fait que les mobilisations ne sont pas des pathologies sociales, mais ont leur rationalité. Un deuxième déplacement consiste à glisser d'une vision centrée sur le potentiel destructeur et menaçant des mouvements sociaux vers une prise en compte de leur capacité de créer de nouveaux modes de vie, des normes, des institutions, bref du changement social. Cette révision en commande une troisième. Le modèle épidémiologique présent chez Le Bon, mais aussi chez Blumer, qui mettait au principe des comportements de foules une logique de *contagion* et de panurgisme, est remplacé par une problématique de la *convergence*. Les comportements collectifs naissent de la synchronisation entre des croyances, des frustrations déjà présentes chez les individus, non de phénomènes d'imitation.

L'analyse s'ouvre alors à l'étude des idéologies, des croyances, à leur mode de diffusion. A travers la notion de « norme émergente » chez Turner et Killian [1957], de « croyance généralisée » chez Smelser, le rôle des représentations prend une place croissante. L'accent est mis sur le fait qu'une mobilisation ne naît pas de la seule existence d'un mécontentement. Celui-ci doit trouver un langage qui lui donne sens, désigne des adversaires, légitime la revendication par référence à des valeurs. Les théoriciens du comportement collectif retrouvent alors les plus fortes interrogations d'un Tarde sur les vecteurs de diffusion de ces croyances, leur réception par divers milieux sociaux que Smelser évoque à travers la notion de « conductivité structurelle ». Celle-ci désigne le potentiel inégal de diffusion des croyances, valeurs ou rumeurs selon les espaces sociaux que peut illustrer l'opposition entre la vitesse d'une panique boursière et la lente diffusion d'une rumeur dans une communauté dispersée, faiblement liée par des réseaux de communication. De façon plus ambiguë, ces évolutions désignent un dernier élément fédérateur. Le moment du comportement collectif s'inscrit dans une oscillation entre la volonté de sociologiser l'analyse, de prendre en compte les structures sociales qui suscitent la mobilisation, et la force d'un ancrage dans des problématiques empruntées à la psychologie, comme les notions de tension ou de *frustration*, placées au principe des dispositions individuelles à se mobiliser. L'œuvre de Gurr manifeste la richesse et la fragilité de ces orientations.

Pourquoi les hommes se révoltent-ils ?

Sous ce titre (*Why Men Rebel ?*), Ted Gurr développe en 1970 un cadre d'analyse qui sera à la fois un des manifestes les plus élaborés et le chant du cygne des travaux de *collective behaviour*. L'approche retenue est psychosociologique. Gurr part de la notion de *frustration relative*. Celle-ci désigne un état de tension, une satisfaction attendue et refusée, génératrice d'un potentiel de mécontentement et de violence. La frustration peut se définir comme un solde négatif entre les « valeurs » — ce terme peut désigner un niveau de revenus, une position hiérarchique, mais aussi des éléments immatériels comme la reconnaissance ou le prestige — qu'un individu détient à un moment donné et celles qu'il se considère comme en droit d'attendre de sa condition et de sa société. Si elle se traduit par des affects de dépit, de colère, d'insatisfaction, la frustration est ici un fait social. Elle est *relative* parce que tributaire d'une logique de la comparaison. Elle naît de normes sociales, de systèmes d'attentes liés à ce que semble, dans une société donnée, la distribution légitime des ressources sociales à divers groupes de

---

Les variantes de la frustration relative

MODÈLE 1 : LA FRUSTRATION DU DÉCLIN (*DECREMENTAL*)

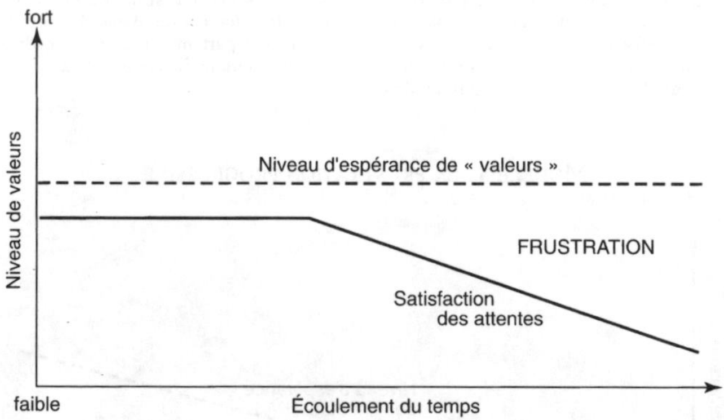

Dans ce modèle, l'horizon d'attente, les représentations du niveau normal de récompenses sociales qu'il est légitime d'espérer dans une position sociale varient peu. Mais les représentations de l'avenir et du présent sont marquées par la perception (réelle ou imaginaire) d'un fort déclin des valeurs disponibles. Gurr associe à ce cadre la description par Marx des premières mobilisations d'artisans contre la mécanisation, perçue comme menace sur le statut de travailleur libre, mais aussi la mobilisation de la petite bourgeoisie traditionnelle dans la genèse des fascismes.

MODÈLE 2 : LA FRUSTRATION DES ASPIRATIONS MONTANTES (*ASPIRATIONAL*)

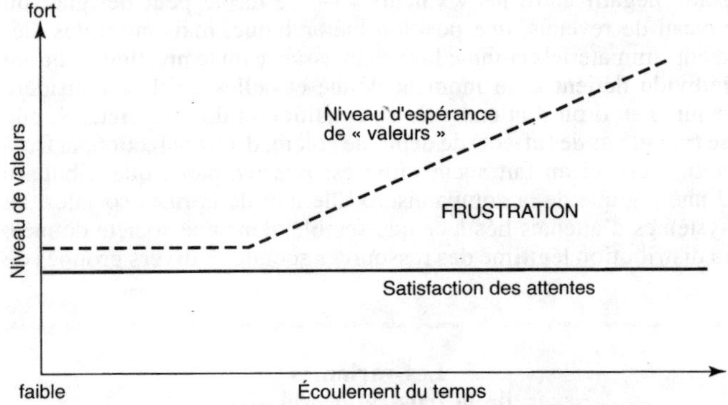

Ici, les valeurs disponibles pour le membre d'un groupe donné varient peu tandis que ses attentes, les représentations de ce à quoi il a « droit » s'élèvent brutalement sans trouver satisfaction. Une part des révoltes anticoloniales de l'après-1945 peut s'accorder à ce schéma. Des « colonisés » intégrés à l'armée Leclerc, y ayant gagné des galons, le sentiment de leur égalité à l'égard des « métropolitains » et de leur capacité à jouir de leurs droits civiques se retrouvent, une fois démobilisés, replongés dans une situation coloniale qui en fait des non-citoyens. Ils constitueront une part importante des cadres des mobilisations indépendantistes.

MODÈLE 3 : LA FRUSTRATION PROGRESSIVE

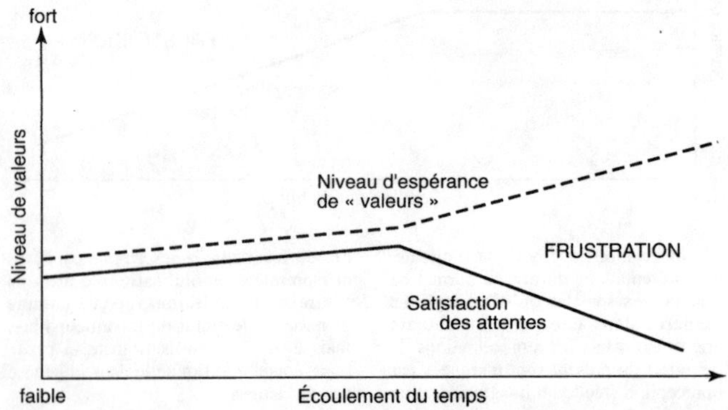

La situation correspond à un mouvement de ciseaux. Les attentes en matière d'accès à la distribution des ressources sociales s'élèvent tandis que les valeurs disponibles baissent de façon sensible. Le processus produit brutalement un grand potentiel de mobilisation. Tocqueville décrit ce phénomène à la veille de la Révolution française en montrant comment une phase de prospérité et de relative ouverture sociale suscite des attentes croissantes que vient contrarier la conjonction d'une crise économique et de la réaction nobiliaire.

---

référence. En clair, les membres d'un groupe social privilégié, mais dont le statut ou les ressources déclinent (aristocrates hier, médecins généralistes aujourd'hui), peuvent ressentir une frustration plus intense que les membres d'un groupe objectivement moins doté mais dont les ressources et le statut correspondent à ce que ses membres avaient pu prévoir et intérioriser de leur rôle social.

La souffrance sociale chez Gurr n'est donc pas corrélée à des normes absolues (seuil de pauvreté...), mais pensée comme misère de position, décalage entre des attentes socialement construites et la perception du présent. L'image du plan de carrière au regard duquel un salarié peut, à divers moments de sa vie, mesurer si sa réussite se situe ou non dans la norme, en tirer satisfaction ou frustration, peut aider à saisir le propos de Gurr. Mais son modèle prend aussi en compte la façon dont la cotation sociale des valeurs fluctue et modifie les horizons d'attente des divers groupes : posséder une voiture n'est pas une « valeur » identique en 1930 et en 1990, tout comme les « valeurs » que peut espérer un individu qui s'engage dans le métier d'instituteur diffèrent selon qu'il débute à l'une ou l'autre de ces dates. L'hypothèse de Gurr consiste à voir dans l'intensité des frustrations le carburant des mouvements sociaux. Le franchissement collectif de seuils de frustration est la clé de tout grand mouvement social. Le cadre interprétatif distingue ici une série de cas de frustration relative (*cf.* le tableau des trois courbes). Il explicite aussi des variables qui permettent d'évaluer la probabilité d'un passage à des formes conflictuelles d'action : intensité de l'écart mesurable entre attentes et satisfactions, degré de saillance et de désirabilité de la ressource convoitée, existence d'une pluralité de voies pour accéder aux valeurs convoitées (l'analyse retrouve ici la problématique de l'*exit* d'Hirschman).

Le mérite de Gurr est aussi de chercher, après Smelser, à donner une vraie profondeur sociologique à son modèle. La frustration est un simple potentiel de mobilisation et de violence. Elle ne les produit pas mécaniquement. Gurr accorde beaucoup d'attention aux données culturelles et à la mémoire collective. Existe-t-il dans le groupe ou le pays concerné une tradition de mobilisation, une culture du conflit ? Une mémoire d'épisodes ou de victoires qui légitiment l'hypothèse d'un recours à la force ?

Une culture protestataire nationale

Les mouvements sociaux argentins empruntent traditionnellement à deux registres dominants : celui de la grève (dont la grève générale) et celui de la manifestation. La place de l'activité manifestante s'explique à la fois par le pourcentage exceptionnel de population vivant dans l'agglomération de Buenos Aires, l'existence précoce de partis politiques et l'importation de ce répertoire d'action par des immigrants parmi lesquels figuraient d'actifs militants socialistes et anarchistes. La fréquence des moments de gouvernement dictatorial contribuera paradoxalement à faire du recours à la rue le seul registre d'expression accessible pendant de longues périodes de l'après-guerre.

L'histoire argentine depuis 1945 a contribué à consolider dans une culture nationale de la protestation la place stratégique de la manifestation et celle d'un site, la Plaza de Mayo, point central des défilés officiels et visites de dirigeants étrangers, située au centre de Buenos Aires, devant le siège de la présidence.

Le processus de construction du site comme un véritable lieu de mémoire — et de pouvoir — protestataire doit d'abord à la gigantesque manifestation du 17 octobre 1945 qui sera le catalyseur du départ des militaires, puis de l'arrivée de Peron. Le régime péroniste contribuera également à la consolidation de ce statut en organisant chaque 17 octobre une manifestation de la fidélité sur la Plaza de Mayo, où se déploient aussi les cortèges du 1er Mai. D'autres manifestations en 1969 contribueront encore à la chute du régime Ongaña. Le statut de cette « cathédrale symbolique des manifestations », le pouvoir quasi magique associé aux lieux deviendront tels que ce sont jusqu'aux autorités gouvernementales qui feront parfois usage de l'arme manifestante. La junte militaire suscitera en 1982 des manifestations pour soutenir la prise de contrôle des îles Malouines. En avril 1987, c'est le président Alfonsin qui appelle le dimanche de Pâques à une manifestation où 500 000 personnes se rassemblent place de Mai en réponse au développement d'une insurrection militaire qui sera ainsi délégitimée.

Dans une société où les sondages d'opinion jouent encore un rôle modeste, les manifestations de Buenos Aires fonctionnent comme un indicateur efficace des légitimités et des attentes sociales. La maigreur du cortège anniversaire péroniste, le 17 octobre 1955, sera perçue comme le signe de l'isolement du chef d'État, prélude à sa déposition. A l'inverse, la culture politique nationale porte la conviction que des changements politiques et sociaux majeurs peuvent être atteints par le truchement d'une manifestation réussie. Le célèbre mouvement des « Mères de la place de Mai » sous la dictature militaire (1976-1983) doit aussi se comprendre dans ce contexte. La terreur étatique rendant impossible le recours à la manifestation, des mères de personnes « disparues » (en fait, assassinées par la junte) vont prendre l'habitude de marcher, silencieusement, trois heures chaque jeudi, sur les allées piétonnes de la place, la tête enveloppée comme à l'église d'un châle qui porte le nom du disparu, sa date d'enlèvement, parfois porteuses d'une pancarte avec la photo de leur enfant. Même si plusieurs de ces mères vinrent s'ajouter à la liste des disparus, la junte ne put jamais trouver la réponse adéquate à cette forme de reconquête de l'espace symbolique d'expression de rue, suscitant respect et sympathie de l'opinion.

Source : Chaffee [1993].

« Pour être réductrice et non dépourvue d'ambiguïtés, l'association que fait Gurr entre protestation et violence apparaît aussi rétrospectivement comme ayant le vrai mérite d'obliger à penser sociologiquement les conditions d'émergence de la violence. Il faudra ensuite attendre la décomposition des gauchismes et les "années de plomb" pour voir ces questions retraitées avec sérieux par la littérature sur l'action collective » [Della Porta, 1990 ; Sommier, 1998].

Why Men Rebel ? est aussi attentif au travail de mobilisation. Celui-ci comporte une dimension cognitive et symbolique. Un mouvement social exige un travail de production de discours, d'imputation de responsabilité, d'injection de sens dans les rapports sociaux vécus, de production de symboles et de mots d'ordre. Ce travail n'est jamais le seul fait du groupe mobilisé. Le « contrôle social » que peut exercer l'État ne se limite jamais à l'usage des forces de police. Il passe aussi par un travail préventif de légitimation des institutions et du régime, de disqualification des formes les plus violentes de contestation. Il joue, lui aussi, du symbolique, de gestes qui, à défaut de toujours dissiper les tensions, marquent le souci d'y répondre. L'auteur évoque, par exemple, le rôle de réquisition de logements comme signal fort de ce que l'autorité s'occupe de ce problème. Rien de surprenant dès lors à ce que Gurr soit l'un des premiers à introduire les médias au rang des objets d'une sociologie de la mobilisation.

En dépit de sa densité, le travail de Gurr n'est pas sans ressembler à un brillant *post-scriptum* au corpus des « comportements collectifs », bientôt cantonnés dans un purgatoire savant. Les raisons de cette marginalisation tiennent d'abord aux failles de la problématique. Le concept de frustration est difficile à objectiver puisqu'il relève des croyances et des perceptions qui portent pour partie sur des données immatérielles comme le prestige. L'analyse menace donc souvent de flirter avec un exercice tautologique qui consiste à prouver la frustration par le surgissement de la mobilisation, elle-même expliquée par l'existence d'une puissante frustration (*cf.* Dobry [1986, p. 53-56]). Par ailleurs, si ces critiques n'affectent en rien les riches développements relatifs aux conditions sociales d'émergence de mouvements sociaux, ceux-ci demeurent à l'état d'un programme de recherche, sous la forme d'un système complexe d'hypothèses, sans vérification empirique systématisée sur des cas précis. Mais c'est plus encore l'arrivée sur le marché des théories du modèle d'Olson qui va durablement déplacer les grilles d'analyse vers un cadre tiré de l'économie. Celui-ci fera oublier les mérites du cadre sociologique développé par Smelser ou Gurr. Il aura plus encore l'inconvénient d'amener les chercheurs à se priver pendant vingt ans des ressources intellectuelles que pouvait apporter à la compréhension du rapport vécu à la mobilisation une prise en compte réfléchie des apports de la psychologie.

Quand *Homo oeconomicus* entre en action

L'économiste Mancur Olson publie en 1966 *The Logic of Collective Action*. S'inscrivant dans une lecture « économique » de l'ensemble des comportements sociaux, il contribuera à l'émergence d'une véritable orthodoxie de l'action rationnelle qui va peser puissamment sur les sciences sociales nord-américaines, puis européennes.

Le paradoxe d'Olson

Le point de départ de l'analyse d'Olson repose sur un paradoxe fécond. Le sens commun suggère que, dès lors qu'un ensemble d'individus peut trouver avantage à se mobiliser et en a conscience, le déclenchement de l'action collective va de soi. Or, l'objection d'Olson consiste à démontrer qu'un groupe ayant ces caractéristiques peut parfaitement ne rien faire. C'est en effet à tort que l'on imagine qu'un groupe *latent* — des individus ayant des intérêts matériels communs — est une sorte d'entité douée d'une volonté collective, là où l'analyse doit aussi prendre en compte la logique des stratégies individuelles. Et si l'action collective va de soi si l'on considère le groupe comme titulaire d'une volonté unique, les rationalités individuelles l'enrayent. L'exemple du mouvement antifiscal proposé en encadré l'illustre. La mobilisation est rentable, d'autant plus qu'elle sera massive. Mais c'est oublier le scénario du passager clandestin (*free-rider*). Il existe une stratégie plus rentable encore que la mobilisation : regarder les autres se mobiliser. Le cas classique du non-gréviste qui bénéficie de la hausse de rémunération conquise par la grève sans avoir subi les retenues de salaires consécutives en témoigne. Poussée à son terme, cette logique rend aussi impossible toute mobilisation. Les rationalités individuelles conjuguées de dix locataires inactifs qui attendent la mobilisation des autres pour en profiter aboutissent à l'inaction et laissent au maximum la pression fiscale.

Le paradoxe semble déboucher sur une impasse. L'accent mis sur les effets des rationalités individuelles suggère l'improbabilité de l'action collective. Mais l'expérience manifeste son existence. Le modèle d'Olson s'enrichit alors de la notion d'*incitation sélective*. Il existe des techniques qui permettent de rapprocher les comportements individuels de ce que serait, dans l'abstrait, la rationalité d'un groupe doté d'une volonté collective. Il suffit pour cela d'abaisser les coûts de la participation à l'action ou d'augmenter ceux de la non-participation. Les incitations sélectives peuvent être des prestations et avantages accordés aux membres de l'organisation qui mobilise. L'*American Medical Association* offre à ses

Les rendements de la mobilisation et de l'abstention

Dans une commune, la taxe d'habitation s'élève à 5 000 francs par personne. Dix locataires décident de se mobiliser pour la faire baisser. L'hypothèse (arbitraire) est que leur mobilisation peut au mieux la ramener à 3 000 francs. La réduction est une fonction du nombre de locataires mobilisés : dix arrachent une baisse de 2 000 francs, neuf de 1 800 francs, huit de 1 600 francs, etc. La participation à l'action comporte des coûts (création d'une association, distribution de tracts, temps consacré aux réunions et démarches). Ces coûts sont fixés par convention à 500 francs par personne.

	Nombre de participants au mouvement antifiscal									
	1	*2*	*3*	*4*	*5*	*6*	*7*	*8*	*9*	*10*
Gain théorique par membre	200	400	600	800	1 000	1 200	1 400	1 600	1 800	2 000
Coût par membre	500	500	500	500	500	500	500	500	500	500
Gain réel compte tenu des coûts	– 300 Zone de perte	– 100	100	300	500	700	900	1 100	1 300	1 500
Gain d'un passager clandestin	200	400	600	800	1 000	1 200	1 400	1 600	1 800	

adhérents médecins de la formation continue une assurance, un service juridique, une revue professionnelle appréciée qui rentabilisent la cotisation. A l'inverse, un médecin non adhérent doit recourir à des assurances privées coûteuses, risque l'ostracisme de ses collègues. Les incitations sélectives peuvent aussi prendre la forme de la contrainte. Le cas le plus clair est le système dit du *closed-shop*, longtemps pratiqué en France par le syndicat du livre CGT ou celui des dockers : l'embauche est conditionnée par l'adhésion à l'organisation, ce qui élimine tout passager clandestin. On notera au passage que ce système a été généralisé par le *Wagner Act* aux États-Unis entre 1936 et 1947, et qu'une réflexion sur ce sujet doit à la fois s'interroger sur l'entrave à la liberté individuelle qu'il comporte… et sur ses effets dans la construction de « partenaires sociaux » puissants dans les relations de travail.

Comment se débarrasser des passagers clandestins ?

Dans un travail sur les mobilisations paysannes en Bretagne dans les années soixante, Fanch Elegoët a pu montrer en quoi les stratégies syndicales des producteurs de légumes pouvaient largement se lire comme un système de fermeture des possibilités d'agir en *free-rider*. L'organisation de base du syndicat au niveau du « quartier » (hameau) permet le contrôle mutuel et l'identification des exploitants qui rompent la solidarité face aux négociants. Le rachat centralisé des « drageons » (plants d'artichaut) en surnombre suivi de leur destruction met fin à la fourniture de plants à des zones de production concurrentes tout en réduisant à très peu le coût de la participation individuelle à ce blocus. Une circulaire du leader syndical Gourvennec indique à propos des récalcitrants qu'ils encourent « la radiation des organismes mutuels et coopératifs et l'exclusion des réseaux d'entraide, la mise à l'index dans le quartier, y compris en cas de pépin sur sa ferme [...], la désignation du vendeur, sans le publier ni l'afficher, homme que l'on montre du doigt dans les rues avec parfois des écriteaux à sa charge de légumes »... sans oublier les « tracasseries de toute nature : dégonflage des pneus (par la valve), sucrer l'essence, mouiller le Delco, etc. » (p. 153).

C'est jusqu'à la construction des institutions et dispositifs techniques du marché au cadran obligatoire qui — par la dépersonnalisation des transactions — peut se lire comme machinerie anti-passager clandestin, en suscitant une transparence et une publicité de toute vente qui ferme l'espace du marché, rend impossibles négociations secrètes ou traitements de faveur par lesquels les expéditeurs et grossistes désolidarisaient les paysans.

Source : Elegoët [1984].

Un ensemble de travaux empiriques est venu conforter les analyses d'Olson sur le rôle de ces incitations sélectives. Gamson [1975] a pu montrer, à partir d'un vaste échantillon aux États-Unis, qu'une organisation qui fournit des incitations sélectives se fait reconnaître de ses interlocuteurs dans 91 % des cas et obtient des succès dans 82 % des cas, contre 36 % et 40 % pour les organisations dépourvues de cette ressource. Une étude de David Knokke [1988] sur le monde associatif de l'agglomération de Minneapolis va dans le même sens. Les adhérents aux associations « les moins politiques » (associations sportives, clubs de collectionneurs, etc.) ne sont que 2 % à se déclarer prêts à rester membres si leur association ne faisait plus qu'un travail de groupe de pression, 70 % déclarent pouvoir se contenter d'une association pure prestataire de services tandis que 23 % conditionnent leur adhésion à la prise en charge de ces deux fonctions.

La « RAT » et le durcissement du modèle

Le modèle construit par Olson reçoit aussi de son auteur des limitations explicites. Il s'applique aux mobilisations visant des « biens collectifs », c'est-à-dire des biens qui profitent à l'ensemble des membres de la collectivité concernée : un recul de la pollution de l'air bénéficie par définition à toute la population. Mais surtout Olson souligne le particularisme des petits groupes. Certains d'entre eux peuvent correspondre à des situations dans lesquelles un membre peut à lui seul prendre en charge tous les coûts de l'action et y trouver cependant son compte. Plus encore, dans les petits groupes, le sentiment de peser sur la décision est plus fort, plus mobilisateur. Les pressions sociales et morales entre membres du groupe y sont aussi plus présentes, plus efficaces. Enfin, l'auteur souligne que sa grille d'analyse risque de ne « pas apporter grand-chose » à l'étude des groupes « philanthropiques ou religieux qui défendent des intérêts de ceux qui ne sont pas leurs membres » (p. 183-184). On peut se demander si l'attention qu'Olson porte ainsi aux effets des relations sociales ou affectives dans la dynamique de mobilisation propre aux petits groupes ne mine pas la forte cohérence de son modèle. Les phénomènes liés à la sociabilité, aux relations interpersonnelles et affectives sont malaisément convertibles dans le langage du calcul économique. Le traitement assez embarrassé réservé par Olson à cette variable est d'ailleurs significatif. Tantôt les éléments « affectifs ou idéologiques » sont évacués comme peu importants car peu efficaces (p. 34-35). En d'autres cas, ils sont considérés comme des incitations sélectives secondaires (p. 84), la fidélité au groupe jouant, par exemple, en faveur de la solidarité. Enfin, lorsque le poids empirique de ces données affectives et idéologiques crée des faits que la théorie ne peut digérer, une catégorie balai des actions collectives non rationnelles est associée aux « franges lunaires » (*sic*) du monde social et ristournée aux bons soins des psychologues (p. 185).

Les prudences initiales d'Olson vont se trouver graduellement balayées au seuil des années quatre-vingt par l'essor d'une *rational action theory* dont les adeptes — les RAT's — prétendent appliquer le modèle de l'*Homo oeconomicus* à tous les faits sociaux avec la grâce d'un rouleau compresseur. Les économistes James Buchanan et Gary Becker vont illustrer cette démarche qui repose le postulat économique — au double sens — d'une possible interprétation de tous les phénomènes par la référence à des acteurs rationnels pour lesquels la participation à l'action collective est une pure démarche de calcul du rendement des énergies et ressources investies dans l'action. Sans développer pour l'instant une critique des *fondements* mêmes de ce modèle d'analyse de l'action collective, on peut en montrer quelques insuffisances *internes*.

Si les participants potentiels à l'action collective sont des calculateurs rationnels tentés par la position de passager clandestin, pourquoi leur sens de l'anticipation rationnelle n'irait-il pas jusqu'à anticiper les anticipations similaires d'autrui ? Est-il déraisonnable de postuler qu'un individu en situation de participer à une mobilisation peut faire comme un joueur de cartes ou d'échecs et se demander ce que va jouer le partenaire ? Cette modeste sophistication du calcul — que n'ignore pas la microéconomie moderne — pourrait alors pousser vers la mobilisation, voire la surmobilisation, compte tenu du rendement désastreux d'une abstention généralisée. Comment ne pas remarquer au passage que les exemples chiffrés des RAT's et de l'école de l'« individualisme méthodologique » — dont s'inspire le tableau des dix locataires — sont souvent d'un simplisme qui les rend plus dignes du statut de comptines que de démonstrations sociologiques ?

Au prix d'hypothèses ni plus ni moins réalistes, prenant en compte les économies d'échelle d'une mobilisation importante, les effets de seuil, Pierre Favre [1977] a proposé en ce domaine des tableaux de rendement nettement distincts de ceux imaginés par Boudon dans sa préface à l'édition française d'Olson. Il fait alors apparaître des situations dans lesquelles la participation à l'action se révèle *plus rentable* que la stratégie du passager clandestin. Ce contre-exemple n'invalide pas la thèse d'Olson, il suggère que l'attitude du *free-rider* n'est en aucun cas universellement la plus rentable. Comment interpréter en termes d'action rationnelle une partie des résultats, empiriques cette fois, de l'enquête de Knokke précitée, qui, pour la catégorie des associations « hautement politiques » (écologisme, antiracisme...), constate que seuls 34 % des membres font de la fourniture de services aux adhérents la condition de leur maintien, tandis que 35 % resteraient affiliés même sans services et sans travail de groupe de pression efficace ? La liste des points aveugles du modèle olsonien peut s'élargir sans peine. Le postulat de l'action rationnelle repose sur l'idée d'actions orientées vers la satisfaction de préférences qui fonctionnent comme des « boîtes noires » dont le modèle théorique n'explique ni la genèse ni la nature. A cet égard, l'un des mérites des travaux historiques de Tilly tient en ce qu'il montre comment les effets conjugués du capitalisme, de la division du travail, de l'emprise des logiques bureaucratiques sur l'univers professionnel peuvent effectivement créer des attitudes et des conditions à travers lesquelles l'*Homo oeconomicus* devient empiriquement observable.

Du bon usage du calcul rationnel

Une critique raisonnée ne consiste donc pas à nier que le modèle du calcul coûts/avantages puisse éclairer les comportements lors de certaines mobilisations, et d'abord celles qui portent sur des revendications économiques. Et c'est jusqu'à la connotation cynique que l'on peut associer à l'image d'*Homo oeconomicus* qui comporte sa fécondité, en opposant un fort antidote aux représentations naïves ou enchantées de tout militantisme comme pur désintéressement. En formulant son paradoxe, Olson lance un défi salubre à l'analyse sociologique. Il pose au centre du débat une vérité déplaisante pour les analyses en quête de simplicité : *la mobilisation collective ne va jamais de soi*. Ce constat obligera une génération de chercheurs à relever le gant pour rendre compte des conditions de développement des mouvements sociaux. Rendre à Olson l'hommage qui lui est dû n'interdit nullement d'exiger plus de précisions sur la « rationalité » qu'il met au centre des comportements, sur ses conditions d'existence, d'interroger les limites d'application de ce schéma. Lors d'un congrès de sociologues américains en 1983, Joseph Gusfield avait ironiquement observé que si le modèle d'Olson semblait parfois manquer de prise sur le réel, la faute en incombait aux individus mobilisés qui n'avaient pas tous lu *La Logique de l'action collective*. Formule provocatrice ? Non, si elle vise à suggérer la très inégale intériorisation d'une disposition au calcul économique selon les milieux et les époques. Non, si elle vient rappeler que la probabilité de traiter les problèmes en termes de calcul rationnel ne se déploie pas à l'identique selon qu'un individu fait ses courses ou assiste à une réunion du Secours catholique ou de la Ligue contre le cancer. Non, si elle aide à conjurer un risque de toute analyse savante : l'*objectivisme*, soit en l'espèce la confusion entre des modèles théoriques d'explication — même féconds — que le savant élabore pour rendre compte de régularités objectives dans les comportements, et les motivations subjectivement vécues des agents sociaux en action dans la grève ou la manifestation. Une telle démarche suppose de penser le personnage du militant, de l'individu mobilisé en lui donnant une autre consistance sociale que celle d'une machine à calculer (*cf.* chapitre VI).

IV / La mobilisation des ressources

Les années soixante-dix vont donner lieu, aux États-Unis, à l'émergence d'un nouveau cadre d'analyse des mouvements sociaux : la théorie de la mobilisation des ressources. Le contexte politique n'est pas indifférent. La période est celle du *Movement* : agitation des campus, mouvement noir, mobilisations féministes et écologistes. Comme le note Gamson [1975], l'irruption de l'histoire imposait aux chercheurs un objet de recherche, et ceux d'entre eux qui participaient à ces luttes pouvaient malaisément se retrouver dans une part du legs *collective behaviour*, avec son insistance sur le poids des frustrations, voire la dimension pathologique des mobilisations les plus conflictuelles. Un renouvellement des interrogations et des concepts va donc progresser à travers les apports fondateurs d'Oberschall [1973], de Gamson [1975], de Tilly [1976], de McCarthy et Zald [1977]. Dès les années quatre-vingt, la « mobilisation de ressources » aura conquis le statut de cadre théorique de référence.

Les dénominateurs communs

Il serait imprudent de surestimer la cohérence d'un « paradigme » de la mobilisation des ressources. D'une part, les travaux associés à ce label fonctionnent en fait comme un continuum allant d'un pôle encore très économiste, très tributaire d'Olson, à des analyses plus soucieuses d'une prise en compte de variables historiques et sociologiques. D'autre part, le mouvement de la recherche suscite des déplacements de problématiques et d'objets. On peut suggérer l'existence d'un processus lent d'émancipation à l'égard des approches économiques, d'attention croissante accordée à la dimension politique, aux significations vécues par les agents mobilisés. Quatre séries de repères peuvent aider à cerner les grands traits de cette approche.

La « mobilisation des ressources » *cadre large*, mais redéfinit les frontières de l'action collective. Elle rompt avec la fascination pour les situations de foule et de mobilisation violente propres au *collective behaviour*, avec la priorité donnée par Olson aux mobilisations à enjeux directement matériels. Toutes les formes de mouvements sociaux sont prises en compte, et donc ceux dont les dimensions idéologiques et politiques sont plus explicites, mais aussi les phénomènes de sectes, les croisades morales.

La mobilisation des ressources déplace définitivement la question fondatrice de l'analyse des mouvements sociaux. Il ne s'agit plus, comme dans le modèle *collective behaviour*, de se demander *pourquoi* des groupes se mobilisent, mais *comment* se déclenche, se développe, réussit ou échoue la mobilisation. La position de McCarthy et Zald [1977] présente, par son radicalisme même, le mérite de la clarté : il y a toujours dans n'importe quelle société assez de mécontentements pour engendrer des mobilisations, ils peuvent même être « définis, créés et manipulés par des entrepreneurs de "causes" et des organisations ». La bonne question est donc de saisir les déterminants de leur essor ou de leur refoulement.

De ce parti pris découle une approche *dynamique* des mouvements sociaux, pensés comme un processus de construction d'un rapport de force et de sens. Dans ce modèle, les groupes — classe ouvrière, militants des droits civiques — n'apparaissent jamais comme des données, des objets trouvés, mais comme des construits sociaux. Une question centrale est donc de comprendre ce qui fait qu'un groupe « prend », tandis que d'autres tout aussi plausibles — les vieux, les téléspectateurs, par exemple — n'accèdent pas à une existence mobilisée. « La mobilisation fait référence au processus de formation des foules, des groupes, des associations et des organisations pour la satisfaction d'objectifs communs. Souvent des unités sociales durables sont ainsi formées, avec des dirigeants, des loyalismes, des identités et des buts communs » [Oberschall, 1973, p. 102]. De cette problématique découle une attention centrale donnée à l'*organisation* comme élément qui structure le groupe, rassemble les ressources pour la mobilisation.

La théorie de la mobilisation des ressources se construit aussi à l'ombre de la statue du commandeur Olson. Tous les travaux initiaux se posent comme des prolongements de cette matrice, des tentatives visant à répondre au fameux paradoxe et à « sociologiser » l'*Homo oeconomicus* en introduisant, dans la problématique de la chair sociale, la diversité des situations concrètes de mobilisation. La notion centrale de ressource dit assez cette référence aux concepts économiques. La place donnée à l'organisation en fait l'outil central d'une *entreprise* de protestation qui rassemble des moyens — militants, argent, experts, accès aux médias — pour les investir de façon rationnelle en vue de faire aboutir des revendications. Les progrès scientifiques que vont accumuler les chercheurs de ce courant leur permettront graduellement de se libérer de cette tutelle initiale, non en oubliant le défi d'Olson, mais en le prenant au sérieux pour le dépasser.

La filiation olsonienne

La théorie de la mobilisation des ressources peut être introduite à partir d'un de ses classiques tardifs. L'approche de McCarthy et Zald [1977] présente à la fois l'avantage de donner une éclatante visibilité à la filiation Olson et d'en rendre intelligible le processus de dépassement.

Les mouvements sociaux comme économie et « industrie »

Au premier abord, le modèle de McCarthy et Zald peut sembler durcir la lecture d'Olson. Le recours aux analogies économiques ne se limite plus à l'explication des choix individuels face aux mobilisations, le lexique du marché colonise toutes les dimensions du mouvement social. Qu'est-ce qu'un mouvement social ? « Un ensemble d'opinions et de croyances dans une population, qui représente des préférences pour changer des composantes de la structure sociale. » Cette notion économique de « préférence » renvoie à l'image d'une structure floue de demandes, d'attentes de changement social qui requièrent leur entrepreneur pour se cristalliser en mobilisation. Et c'est bien en termes de structure d'offre répondant à ces préférences diffuses que le modèle décrit les *social movements organisations* (SMO). Équivalent fonctionnel de la firme sur un marché, le SMO « est une organisation qui identifie ses objectifs aux buts du mouvement social ou d'un contre-mouvement et tente de satisfaire ses objectifs ». L'ensemble des SMO orientés vers une cause (par exemple, toutes les organisations humanitaires) constitue une branche cohérente, une *social movement industry* (SMI). Enfin, l'ensemble des SMI constitue le *social movement sector*, dont on pourrait, comme l'industrie chimique ou automobile, déterminer le poids dans la richesse nationale. L'essor du poids du SMS est analysé comme une caractéristique des sociétés où les besoins matériels primaires (nourriture, logement) de l'essentiel de la population sont assurés et où l'accumulation de richesses permet de répondre à des demandes plus « qualitatives ».

Le point clé de ce cadre consiste à souligner que le « mouvement social », comme attente plus ou moins formalisée sur un type de changement, n'est jamais pleinement mobilisé, qu'il est un *poten-*

tiel d'action. La mise en branle des énergies protestataires est donc tributaire des organisations (SMO), à la fois structures d'offre et moteurs de la mobilisation. Les organisations qui prennent en charge un mouvement social sont les instances stratégiques où des attentes diffuses se transforment en revendications, où des ressources d'action sont centralisées. En se référant aux travaux des économistes du « choix rationnel » (Buchanan, Downs, Tullock), McCarthy et Zald développent alors une forme de théorie économique de la firme et du marché appliquée aux SMO. Ils soulignent l'importance de stratégies publicitaires dans la collecte des fonds, le rôle de véritables « images de marque » par lesquelles ces organisations assoient leur crédibilité ou la perdent, comme l'ont montré, dans les années quatre-vingt-dix, les crises financières de la Croix-Rouge française ou de l'ARC à la suite de mises en cause de leur gestion. Le modèle analytique proposé insiste aussi sur les effets de la concurrence qui, dans un secteur porteur, aboutit à une multiplication des organisations sur des créneaux de plus en plus précis, comme semble l'illustrer actuellement la fragmentation des organisations médicales humanitaires (Médecins sans frontières, Médecins du monde, Pharmaciens sans frontières, Handicap international, CARE, etc.). Les phénomènes de professionnalisation des SMO sont également mis en lumière. L'évolution récente de Greenpeace, désormais dirigé par l'*ecologist manager* Thilo Bode, qui a porté à un record de 800 millions de francs le chiffre des recettes 1995 en rationalisant les méthodes de collecte par un système de prélèvements automatiques auprès des donateurs, en témoigne.

Entrepreneurs et « militants moraux »

Ainsi présentée, la mobilisation des ressources peut sembler une simple surenchère sur le modèle olsonien. Ce serait perdre de vue une réponse inédite apportée au paradoxe d'Olson, à travers une typologie des soutiens. La notion d'adhérents prend ici un sens particulier pour désigner les personnes et organisations qui « adhèrent » aux revendications d'une cause, sympathisent par exemple à la protection des animaux. Ils se distinguent des « membres actifs » (*constituents*) qui, eux, apportent aux SMO temps, argent, soutiens concrets. De façon plus originale, intervient une distinction au sein de ces membres actifs. Les uns, désignés comme « bénéficiaires potentiels », tireront un profit personnel du succès de l'organisation. Tel serait le cas d'Américains noirs engagés dans le mouvement des droits civiques. D'autres membres actifs, les « militants moraux » (*conscience constituents*), soutiennent l'organisation sans en tirer un bénéfice direct, comme par exemple les étudiants blancs, étudiés par Doug McAdam [1988], qui viendront durant l'été 1964 dans le Mississippi contribuer à la campagne d'enregistrement des Noirs sur les listes électorales. L'injection de ressources militantes ou financières au profit d'une cause que permettent ces militants moraux apporte une réponse empirique inédite au paradoxe d'Olson. Ces ressources extérieures font chuter les coûts de l'action collective pour les groupes directement concernés et modifient dans un sens favorable le rendement de la participation. L'histoire du mouvement noir américain donne de forts éléments d'illustration de cette thèse. Sa radicalisation à la fin des années soixante, l'apparition de groupes, tels les Blacks Panthers qui passent d'un discours des « droits civiques » à un discours mêlant lutte des classes et lutte des races, vont susciter un retrait sensible des soutiens financiers des milieux libéraux blancs. Cela déstabilisera jusqu'aux capacités financières des organisations noires modérées comme la NAACP [McAdam, 1982].

Le militant moral peut s'incarner dans la figure spécifique de l'*entrepreneur de protestation*, véritable schumpéterien du mouvement social. Celui-ci joue, sans qu'on puisse trouver un intérêt matériel immédiat à son engagement, le rôle de porte-parole et d'organisateur d'un SMO, apportant de l'extérieur un savoir-faire, des réseaux de soutien, une logistique que tel groupe latent — parce que trop atomisé, désarmé culturellement, stigmatisé — ne parvient pas à construire à partir de ses ressources propres. La figure de l'abbé Pierre pour les mal-logés peut suggérer en quoi ce personnage peut être autre chose qu'une invention de sociologue : un acteur empiriquement identifiable dans des mobilisations récentes, chez les sans-papiers [Siméan, 1998], les prostituées [Mathieu, 1999]. Comment ne pas relever aussi au passage le rapport de cousinage qu'entretient ce modèle sociologique avec le personnage du militant révolutionnaire apportant de l'extérieur la conscience critique à la classe ouvrière dans le modèle léniniste… et par là la force de sensibilités sociologiques chez des responsables politiques ?

La construction théorique de McCarthy et Zald donne plus de systématisation et de sophistication au modèle olsonien, en trouvant une alternative à l'explication de l'action par les incitations sélectives. Elle achoppe aussi sur une contradiction identique. Militants moraux et entrepreneurs de protestation éclairent la résolution du paradoxe pour en *susciter un nouveau*. Car la théorie ne nous dit pas ce qui les fait courir et militer. Le modèle d'analyse économique doit ici faire appel à un *deus ex machina*, libéré, lui, des trivialités du calcul des rendements, véritable *antithèse* de l'*Homo oeconomicus*, pour résoudre les paradoxes issus de la logique économique. Il est bien sûr possible de considérer que les militants moraux trouvent des « profits » et gratifications dans le sentiment de se consacrer à une juste cause, que certains y gagnent la célébrité, deviennent des salariés du mouvement. Mais les ligoter ainsi à une explication économique soulève, on le verra, autant de problèmes que cela en résout.

Sociologiser le cadre théorique

Le dépassement sociologique du paradoxe olsonien sera véritablement amorcé par les travaux d'Oberschall [1973]. Dans une formule heureusement ambiguë, celui-ci définit son dessein comme celui d'« élargir » le modèle d'Olson. Rien n'interdit de rappeler qu'en français ce verbe désigne aussi l'action de libérer un prisonnier...

Partir de la structuration sociale

En partant de l'analyse des formes de sociabilité, de l'intensité et de la nature des liens qui associent les membres d'un groupe ou d'une communauté entre eux et de ceux qui les relient aux diverses autorités sociales, Oberschall introduit une chair sociale dans des modèles d'analyse trop souvent plus abstraits que théoriques. Son apport se construit au départ dans la critique des thèses relatives à la « société de masse ». L'analyse des régimes totalitaires avait suscité un ensemble de réflexions centrées sur l'image d'une désorganisation sociale, d'une atomisation des individus qui aurait été le terreau des mouvements totalitaires. Hannah Arendt [1951], qui sollicite au passage Le Bon, décrit ainsi les masses : « Des gens qui, soit à cause de leur simple nombre, soit par indifférence, soit pour ces deux raisons, ne peuvent s'intégrer dans aucune organisation fondée sur intérêt commun [...]. Elles sont étrangères à toutes les ramifications sociales et à toute représentation politique normale [...]. La principale caractéristique de l'homme de masse est [...] l'isolement et le manque de rapports sociaux normaux » (p. 32 et 39). Contre ces explications (voir aussi Kornhauser [1959]), Oberschall souligne que l'Allemagne de Weimar ne peut être réduite à une société atomisée par la crise de 1929. Le pays conserve au contraire un dense maillage de liens associatifs, de sociabilités religieuses ou professionnelles. Mais contrairement au modèle du « pluralisme maillé » où les affiliations à divers groupes volontaires sont génératrices de mixité sociale — un ouvrier socialiste peut jouer au football dans un club paroissial et chanter avec des commerçants dans une chorale —, Weimar est caractérisée par la « segmentation superposée ». L'appartenance au SPD ou au monde catholique assigne à des réseaux de sociabilité qui ne se recoupent pas, mais où les mêmes se retrouvent entre eux dans un type de chorale, de club sportif. En s'appuyant sur les travaux d'historiens, Oberschall montre que les succès politiques des nazis reposent sur la captation d'une part de ces réseaux, sur une mobilisation relayée et structurée par des liens d'interconnaissance, de solidarité préexistants. Le sens de ce détour est clair. Puisque même un type de mobilisation présenté comme typique d'une société désagrégée révèle le poids des structures sociales de solidarité, tout travail sur les mouvements sociaux implique de partir de la structure sociale, des réseaux préexistants de solidarité.

Oberschall développe alors une cartographie sociale originale. Une première variable (verticale dans le tableau) concerne les liens entre le groupe étudié et les autres éléments de la société concernée, spécialement les groupes et institutions titulaires de position d'influence ou de pouvoir. Un groupe est *intégré* quand il dispose de connexions stables lui donnant des chances d'être entendu des autorités supérieures (mécanismes de représentation, clientélisme, etc.). Un groupe est en situation *segmentée* quand il ne dispose pas de tels relais, se trouve isolé par rapport aux autres groupes, aux centres de pouvoir. Les sentiments d'oppression, de contrôle extérieur sur la communauté ont ainsi des chances d'être plus fortement ressentis. Une seconde série de variables (axe horizontal) concerne la nature des liens au sein du groupe analysé. Le modèle reprend alors pour l'essentiel le couple communauté/société. Dans le premier cas, une organisation traditionnelle structure fortement la vie commune, y ordonne toutes les dimensions de la vie sociale (tribu, communauté villageoise traditionnelle). Dans l'autre, une stratification sociale plus complexe s'accompagne de l'existence d'un réseau de groupes et associations de toute nature — religieuses, sportives, culturelles, politiques. Une troisième situation désigne les groupes faiblement organisés qui ne peuvent disposer d'aucun de ces principes fédérateurs ; on peut songer ici au cas extrême des groupes très dominés ou stigmatisés (vagabonds, prostituées), à l'ensemble des situations où le communautaire se délite sans que n'aient encore cristallisé des structures associatives volontaires. Le jeu des deux variables donne une typologie à six situations.

LA TYPOLOGIE D'OBERSCHALL

Liens aux groupes supérieurs et pouvoirs	*Liens au sein du groupe*		
	Modèle communautaire	*Peu d'organisation*	*Modèle associatif*
Intégré	A	B	C
Segmenté	D	E	F

Le modèle débouche sur un instrument de lecture des formes et potentiels des mouvements sociaux. Dans la première ligne horizontale, l'existence de connexions aux groupes supérieurs et pouvoirs garantit une forme de relais aux revendications, soit que le groupe dispose de porte-parole « naturels » dans le cas A (chef de village, membre de la *gentry* dans l'Angleterre villageoise du XVIIIe siècle), soit que les organisations existantes (syndicats, chambres de commerce) donnent un potentiel de mobilisation — mais aussi de blocage si elles ne relaient pas le mécontentement — dans le cas C. Le cas B, marqué par la faiblesse des liens internes au groupe, la lutte individuelle pour la promotion, donne le terrain d'élection du clientélisme, voire du banditisme au service d'un patron (modèles mafieux des sociétés rurales d'Italie du Sud). Dans la ligne horizontale inférieure, l'absence de relais institutionnalisés exige de plus fortes mobilisations pour se faire entendre des autorités. La dimension communautaire rend possible, dans le cas D, des mobilisations rapides et énergiques lorsque le groupe se sent menacé. Oberschall cite ici le mouvement Mau-Mau dans le Kenya colonisé. La case E donne les situations les plus éruptives. La faible intégration du groupe, jointe à sa faible organisation, cumule les obstacles à la mobilisation. Lorsque ces situations éruptives surviennent, elles sont souvent brèves et violentes, faiblement organisées faute de dirigeants : émeutes frumentaires du XVIIIe siècle en Europe, insurrections des ghettos américains dans les années soixante. On suggérera aussi que ces situations sont de celles qui offrent un espace à des entrepreneurs de protestation extérieurs au groupe. Le modèle F se rapproche du précédent, mais les formes des mouvements sociaux varient ici beaucoup (des mouvements de libération nationale aux millénarismes) selon le degré de cristallisation des réseaux associatifs, l'émergence de dirigeants et d'organisations aptes à formuler des programmes.

L'acquis le plus net des analyses d'Oberschall est bien de souligner le poids des données de structuration sociale, des réseaux de solidarité. Il aide par là à expliciter la notion de mobilisation des ressources. Le poids d'un groupe dans un mouvement social dépend d'un *capital de moyens*, de « ressources ». Celles-ci peuvent tenir à la « masse » du groupe (nombre, puissance économique, intensité des liens objectifs), à la force de son sentiment identitaire (on retrouve ici la question de la conscience de constituer un « nous », une « classe pour soi »). Les ressources peuvent encore désigner une capacité d'action stratégique (pouvoir de nuisance du groupe, capacité à produire un discours de légitimation socialement recevable, flair tactique des dirigeants). Elles renvoient enfin à l'intensité et à la variété des connexions aux centres sociaux de décision.

Il est à vrai dire vain de chercher à fermer la liste infinie des ressources : elles n'existent que relationnellement, dans un contexte concret d'interdépendances. Leur cotation varie selon les configurations de conflit. Un savoir-faire en matière de relation aux médias est pour un état-major syndical secondaire en 1950, stratégique en 1995. Des ressources ne sont qu'un potentiel qu'il importe d'*activer*, de mobiliser — au sens militaire — dans une visée d'action stratégique, autour d'organisations ou de dirigeants. Oberschall souligne combien ces derniers manifestent souvent des propriétés sociales atypiques au sein de leur milieu, en particulier en termes de niveau d'instruction. La dimension dynamique des mobilisations a aussi pour effet de créer de véritables carrières de dirigeant, par professionnalisation, par fascination pour les satisfactions du pouvoir, mais aussi de façon plus contrainte, lorsque les engagements militants sont l'une des seules promotions ouvertes aux dominés, lorsque le militantisme fait franchir des points de non-retour en interdisant l'accès à certaines professions, en solidifiant une identité de porte-parole qui ne peut être abandonnée sous peine de renier toute une existence.

L'apport d'une sociologie historique

L'œuvre la plus aboutie de la première génération des travaux de la « mobilisation des ressources » est fournie par Tilly [1976]. Les grands cadres analytiques qu'il déploie ne rompent pas fondamentalement avec les modèle d'Oberschall. D'une façon déjà classique, Tilly analyse les conditions sociales de mobilisation. Quelle conscience a un groupe de ses intérêts ? Quelles formes de solidarité le font tenir ? Quelles stratégies déploie-t-il ? En quoi le contexte macrosocial peut-il favoriser ou inhiber la protestation ? Mais si la plupart des questions sont classiques, plusieurs des réponses innovent, parce qu'elles affinent la réflexion sur la sociabilité, les stratégies, le politique, et prennent en compte le temps long.

La variable organisation : de la logistique à la sociabilité

La première rupture chez Tilly porte sur la notion d'organisation. Que signifie le fait qu'une cause, qu'un groupe soit « organisé » ? McCarthy et Zald proposent avant tout une conception que l'on pourrait nommer *logistique*. Être organisé revient à disposer d'entrepreneurs de protestation, d'une structure (association, syndicat) qui regroupe des ressources, définit objectifs et stratégie. L'approche d'Oberschall combinait à cette approche une prise en compte des liens internes au groupe. Tilly place la *sociabilité* au cœur de la définition du groupe organisé. Deux variables vont définir l'organisation. La *netness* (de *net*, réseau) renvoie au réseau des sociabilités volontaires. Les agents sociaux sont les architectes de ces formes de sociabilité qui fonctionnent sur une logique élective. La foule d'un stade incarne un degré zéro de résiliarité, l'association, une forme élevée puisque volontaire, d'autant plus élevée que cette coopération volontaire imprime sa marque à des pans importants de la vie quotidienne. La *catness* (terme forgé à partir de *category*) désigne par opposition des *identités catégorielles*, auxquelles les individus sont assignés par des propriétés objectives. Être femme, être français, être noir constituent des identités non choisies. L'observation vaut largement pour les situations professionnelles : une identité ouvrière, un statut de polytechnicien ne se modifient pas aussi facilement que l'appartenance à un club d'œnologie. Ces deux domaines de sociabilité se combinent en *catnet (catness + netness)*. Celle-ci sera très forte quand les deux variables convergent, là où, par exemple, autour du SPD allemand de Kautsky ou du PCF de Thorez, une identité ouvrière forte s'associe à une sociabilité volontaire autour de syndicats, d'associations, de clubs de jeunes. La *catnet* peut être faible lorsque la sociabilité amicale, associative, ludique est largement dissociée de l'univers du groupe catégoriel. L'hypothèse générale de Tilly consiste à suggérer qu'un groupe est d'autant mieux « organisé » pour défendre ce qu'il perçoit comme ses intérêts qu'il se caractérise par une forte *catnet*.

Le déclin d'un système de *catnet*

L'évolution du monde des instituteurs français offre un terrain pertinent pour mettre en œuvre les hypothèses de Tilly. Le modèle des « hussards noirs de la République » traduit un fort taux de *catnet* (Jacques Ozouf, *Nous les maîtres d'école*, Gallimard, 1973). Socialisés dans des écoles normales dont le fonctionnement comporte des parentés avec les « institutions totales » (internat, discipline, référence à une mission), les instituteurs intériorisent une forte identité professionnelle. Ils développent aussi une intense sociabilité volontaire (*netness*) centrée sur le groupe professionnel. L'importance des mariages entre membres de la profession, le développement de coopératives et de mutuelles, l'investissement dans les associations culturelles, amicales laïques, organisations de jeunesse en donnent l'illustration, tout comme la forte présence au sein de la SFIO. Cette forte *catnet* se traduit dans un taux élevé de syndicalisation au Syndicat national des instituteurs, une grande force de mobilisation.

La crise du syndicalisme des instituteurs, qui devient éclatante dans les années quatre-vingt, peut au moins pour partie se lire comme le contrecoup d'une érosion de la *catnet*. Le fonctionnement des écoles normales (qui perdent le monopole du recrutement) tend à se rapprocher de celui des segments ordinaires du monde universitaire. La dévaluation du statut d'instituteur produit un affaiblissement de l'identité professionnelle qu'accentue l'entrée dans les écoles normales d'étudiants y pénétrant par choix négatif avant la fin du premier cycle, puis ultérieurement de titulaires de second ou troisième cycle trouvant là un concours-refuge. L'élargissement de la palette du recrutement social, la croissance du pourcentage d'institutrices mariées à des conjoints étrangers au monde de l'enseignement ou du secteur public vont également réduire la *catnet*. Tous ces facteurs contribuent à la baisse de la syndicalisation, à des rapports plus consuméristes aux associations nées du milieu, à l'émergence de modes inédits de mobilisations telles les coordinations — se déployant aussi contre le SNI, symbole de l'état antérieur du milieu.

Source : GEAY [1991].

Stratégies

Un autre apport important de Tilly tient aux éclairages qu'il fournit sur la dynamique des affrontements dans les mouvements sociaux. Trois de ces apports justifient une halte.

Tilly souligne d'abord le fait que la façon dont des agents sociaux déterminent une stratégie n'est pas l'effet d'une disposition héréditaire au calcul rationnel. Il reconstitue la genèse de ces attitudes à travers les progrès des logiques du marché, de la bureaucratie, du contrat et leurs effets sur les cultures et mentalités, aide à saisir comment ont pu se développer concrètement des dispositions identifiables à celles de l'*Homo oeconomicus*. Tilly souligne aussi que les agents mobilisés ne sont jamais assujettis à un seul type de rationalité. Le modèle olsonien où les agents n'entendent pas dépenser plus de ressources qu'ils n'attendent de gains n'est pour lui qu'un cas de figure. Il existe en fait une palette de stratégies, tributaires de modèles culturels qui pèsent sur ce que les joueurs mobilisés acceptent de miser, de la nature des biens collectifs qu'ils convoitent. Certains biens, comme l'indépendance nationale, la reconnaissance d'une dignité, peuvent susciter des comportements de kamikazes (*zealots*), prêts à supporter des coûts d'action collective apparemment prohibitifs au regard d'une évaluation matérielle du bien visé.

Les modèles théoriques développés insistent aussi fortement sur la prise en compte du particularisme de chaque mobilisation. Il n'existe pas de « mouvement social » abstrait, mais des manifestations datées de paysans, des grèves d'agents des impôts. Une même intensité de mobilisation engendre des effets distincts en période pré- ou postélectorale. Groupes et formes d'action sont inégalement « acceptables » pour les pouvoirs publics. Les violences paysannes ou commerçantes sont moins réprimées que celles des étudiants ; il est moins facile de dénigrer auprès de l'opinion des infirmières que de jeunes chômeurs issus de l'immigration. La dimension des représentations et perceptions constitue aussi un élément fort, et non économique, des stratégies.

Enfin, Tilly insiste sur la composante politique des mouvements sociaux. Il insiste sur la division fondamentale entre groupes *participants*, disposant d'un accès routinisé aux foyers de décision politique, et les *challengers*, proches des « segmentés » chez Oberschall. Mais un élément de dynamique s'ajoute ici. Tilly souligne que la société organisée politiquement, la *polity*, n'est jamais étanche. Les *challengers* peuvent se regrouper, nouer des alliances avec des *participants* en position de faiblesse et accéder ainsi aux centres de décision. Fruit des mobilisations et résultats électoraux du mouvement, et du souci de la gauche de se libérer du tête-à-tête avec la FNSEA-CNJA, la reconnaissance tardive de la représentativité de la Confédération paysanne par un gouvernement socialiste en donnerait une illustration.

La dimension du temps long

Historien, Tilly réintègre enfin le temps long dans l'analyse des mouvements sociaux. Son parti pris de comparaisons systématiques étalées sur plusieurs siècles [1986] lui permet de saisir des évolutions lentes, des ruptures que masque la seule attention au présent. La présentation de la notion de *répertoire* a déjà permis de saisir cet aspect. Si les répertoires changent au fil des siècles, une observation similaire vaut pour la nature même des interactions conflictuelles, ce que Tilly nomme leurs *registres*. Jusqu'au début du XVIIe siècle domine un registre *compétitif*. Il s'agit, au sein de la communauté, ou à l'égard d'une communauté voisine (village), de revendiquer ou de défendre des ressources concurrencées par d'autres. Dans cette « économie morale », la communauté considère qu'elle a des droits sur sa production et ses richesses. Une illustration en est donnée par le charivari, le plus souvent occasionné par une mobilisation des jeunes gens qui viennent brocarder ou mettre à l'amende un veuf ou un ressortissant du village voisin qui épouse une jeunesse du village, soustrayant un « parti » possible à la jeune génération locale [Thompson, 1993]. Le XVIIe siècle, avec les progrès de la centralisation étatique, le XVIIIe siècle avec les prémices de la révolution industrielle vont déplacer le registre dominant des mouvements sociaux vers le *réactif*. Il s'agit cette fois d'une lutte défensive contre l'intrusion de forces sociales plus lointaines, extérieures à la communauté : agents de l'État, grands propriétaires, négociants. On peut intégrer à ce registre les résistances à la conscription, les luttes contre la remise en cause des droits de pâture sur des terres communales, le refus de voir des récoltes locales (grains) acheminées vers des marchés urbains.

Le XIXe siècle voit enfin émerger puis l'emporter le registre *proactif*. Il s'agit cette fois de réclamer des droits qui n'avaient jamais existé, jamais été reconnus. Le mouvement ouvrier et la conquête des droits sociaux en donnent l'exemple. Ce dernier registre peut en grande partie s'expliquer par la force acquise par une classe ouvrière spatialement concentrée, par les facilités de coordination apportées par médias et moyens de communication, par le rôle des élections comme site et école d'élaboration de programmes revendicatifs.

Le braconnage comme mouvement social ?

Le Parlement britannique vote en 1723 une loi extraordinairement répressive contre les braconnages dans les forêts, le *Black Act*. Ce texte répond à l'importance des pratiques de braconnage passant parfois par des bandes organisées. L'analyse des archives pénales montre cependant que les délits de ce type ne sont pas que le fait des groupes les plus pauvres, mais viennent aussi d'artisans, de paysans propriétaires, avec la complicité de ruraux prospères, voire de membres de la *gentry*. Par leur ampleur même, braconnage et vols de bois manifestent en fait une mobilisation, de type réactif. Il s'agit de réaffirmer en actes les droits traditionnels des ruraux et des communautés sur la forêt — pâture, accès, coupe de bois —, ce d'autant plus que la période des révolutions de 1648-1688 s'était accompagnée d'un relâchement dans l'exercice des droits seigneuriaux. En clôturant les forêts pour y installer des parcs à daims pour la chasse, en confisquant des prairies communales pour y établir des piscicultures, l'aristocratie whig s'attaque de plein fouet à ces droits traditionnels. Cette séquence illustre en fait deux glissements de registre. Les communautés villageoises, sur la défensive, se mobilisent de façon *réactive*. Mais l'aristocratie whig ascendante définit à travers la législation une nouvelle conception de la propriété indivisible qui prive les ruraux du recours aux traditions désormais sans valeur juridique héritées de l'« économie morale », et fait de la loi civile et pénale un vecteur privilégié de redéfinition à son profit de la notion même de droit. L'aristocratie développe une action *proactive*, qui affirme un droit de propriété absolu, sans précédent.

Source : E.P. THOMPSON [1975].

La mobilisation des ressources s'installe donc à la fin des années soixante-dix comme le cadre théorique de référence. Elle le restera durablement. Les justifications de ce succès sont nombreuses. La nouvelle approche permet de dépasser les ambiguïtés de la notion de frustration, de sortir de ce qui a pu être identifié comme l'« atomisme psychologique » du modèle *collective behaviour*. Elle intègre les mises en garde salubres d'Olson dans une approche des mouvements sociaux qui les prenne sociologiquement au sérieux, cessant de les sous-traiter aux psychosociologues et économistes. Les gains sont spécialement nets dans la compréhension de l'inégale capacité de mobilisation des groupes, à partir de l'attention accordée aux faits de structuration sociale, aux sociabilités. Ils le sont aussi dans l'attention croissante apportée aux mouvements sociaux comme processus, aux variables des interactions stratégiques, avec le rôle clé des organisations. Mais une esquisse de bilan doit aussi prendre acte de faiblesses. Nombre de textes offrent d'ambitieuses constructions théoriques. Mais, hormis chez Tilly, où sont les mises à l'épreuve systématiques de ces modèles sur un terrain précis ? Suffit-il de distinguer des intégrés et des *challengers* pour avoir pris en compte la dimension politique ? L'invention des « militants moraux » est-elle une façon satisfaisante de traiter les problèmes soulevés par la contribution des économistes ? Comment ne pas remarquer le peu d'intérêt accordé par ces travaux aux idéologies, au vécu des personnes mobilisées ?

V / De « nouveaux » mouvements sociaux ?

La notion de « nouveaux mouvements sociaux » fait référence à deux phénomènes imbriqués. Il s'agit d'une désignation utilisée pour identifier des formes et des types originaux de mobilisations qui émergent dans les années soixante et soixante-dix. Mais le phénomène devient aussi théorie et suscite le développement d'un corps de travaux qui prennent appui sur les singularités de ces mobilisations pour chercher à renouveler l'analyse des mouvements sociaux, la réflexion sur l'avènement d'une société postindustrielle. Le travail sociologique sur les nouveaux mouvements sociaux comporte aussi la particularité de se développer pour l'essentiel en Europe à travers les multiples enquêtes de l'équipe Touraine [1978, 1980, 1984], les analyses de Melluci [1977] en Italie, Offe en Allemagne (*in* Dalton et Kuechler [1990]), Kriesi [1995, 1996] en Suisse, Klandermans (*in* Dalton et Kuechler [1990]) et Koopmans [1993] aux Pays-Bas.

La texture du « nouveau »

La thématique des nouveaux mouvements sociaux (NMS) est inséparable des mobilisations contestataires qui naissent à la fin des années soixante. Dans un inventaire qui ne comporte pas moins de treize rubriques, Melluci identifie ces nouvelles formes de mobilisation dans le féminisme, l'écologisme, le consumérisme, les mouvements régionalistes et étudiants, ceux de la contre-culture jeune, les mouvements anti-institutionnels, les luttes ouvrières qui mettent en action immigrés et jeunes ouvriers. La liste ressemble fort à la table des matières d'une histoire épique des années « 1968 ». La plupart des analystes des NMS s'accorde pour identifier quatre dimensions d'une rupture avec les mouvements « anciens », symbolisés par le syndicalisme, le mouvement ouvrier.

Les *formes d'organisation* et *répertoires d'action* matérialisent une première singularité. En rupture avec le fonctionnement des structures syndicales et partisanes, les nouveaux mouvements sociaux manifestent une défiance explicite devant les phénomènes de centralisation, de délégation d'autorité à des états-majors lointains, au profit de l'assemblée générale, du contrôle des dirigeants. Leurs structures sont plus décentralisées, laissent une large autonomie aux composantes de base. Leur démarche consiste aussi davantage à prendre en main un seul dossier (*single-issue organization*), une seule revendication concrète dont la réalisation fait disparaître une organisation « biodégradable », à travers des procédures de recours au référendum d'initiative populaire, comme en Suisse. Les NMS se singularisent aussi par une inventivité dans la mise en œuvre de formes peu institutionnalisées de protestation (*sit-in*, occupations de locaux, grèves de la faim), leur adjoignant souvent une dimension ludique, une anticipation sur les attentes des médias.

Une deuxième ligne de clivage réside dans les *valeurs* et *revendications* qui accompagnent la mobilisation. Les mouvements sociaux classiques portaient avant tout sur la redistribution des richesses, l'accès aux sites de décision. Les NMS mettent l'accent sur la résistance au contrôle social, l'autonomie. Plus qualitatives, leurs revendications sont souvent non négociables : une demande de fermeture de centrale nucléaire ou d'abrogation de lois contre les homosexuels se prête moins à compromis qu'une revendication salariale. Ces revendications comportent une forte dimension expressive, d'affirmation de styles de vie ou d'identités, comme le suggère un terme comme *gay pride*. Melluci souligne à ce propos la place prise par le corps dans ces mobilisations (lutte de femmes, minorités sexuelles, santé publique). Il discerne dans cette valorisation du corps, du désir et de la nature la revendication de relations échappant à la rationalité calculatrice, quantitative du capitalisme moderne.

C'est par ricochet le *rapport au politique* qui contient une troisième différence. Dans les mouvements sociaux de la période 1930-1960, fonctionne régulièrement un binôme syndicat-parti. La conquête du pouvoir d'État, l'accès à ce que Tilly nomme *polity* constituent un enjeu central. La valorisation de l'autonomie modifie radicalement les objectifs. Il s'agit désormais moins de défier l'État ou de s'en emparer que de construire contre lui des espaces d'autonomie, de réaffirmer l'indépendance de formes de sociabilité privées contre son emprise.

La nouveauté de ces mouvements sociaux serait enfin liée à l'*identité* de leurs acteurs. Les mouvements de la société industrielle se revendiquaient d'identités de classe. Ne parlait-on pas de mouvement ouvrier, de front populaire, de syndicat paysan ? Les nouvelles mobilisations ne s'autodéfinissent plus comme expression de classes, de catégories socioprofessionnelles. Se définir comme musulman, hispanophone, homosexuel ou antillais, appartenir aux « Amis de la Terre », tout cela renvoie à d'autres principes identitaires. Touraine invite cependant à rester attentif aux formes nouvelles du conflit de classe. Les représentations des agents mobilisés sont importantes. Le poids constant des classes moyennes salariées fortement diplômées dans les NMS, la persistance de clivages sociaux traditionnels au sein de formes inédites de mobilisations constituent aussi des faits têtus.

L'analyse d'Alain Touraine

Touraine se démarque du courant de « mobilisation des ressources » dont il critique la vision « pauvre et superficielle » des mouvements sociaux comme simples supports de revendications matérielles. Celle-ci réduit les mobilisations à des groupes de pression, en néglige les contenus idéologiques, les dimensions de solidarité, d'hostilité à l'adversaire. Mais la définition du mouvement social par Touraine est aussi très particulière, au sein de l'approche NMS. Pour lui, il y a dans chaque société un mouvement social et *un seul* qui soit placé au cœur des contradictions sociales, qui incarne non une simple mobilisation, mais un projet de changement social, de « direction de l'historicité, c'est-à-dire des modèles de conduite à partir desquels une société produit ses pratiques ». Pour parvenir à ce statut de mouvement social, une mobilisation doit à la fois être capable de définir clairement un adversaire social, de se donner une identité sous la forme d'un projet qui porte la vision d'une autre organisation sociale et non d'une simple revendication ponctuelle. Le travail de Touraine et de ses collègues (F. Dubet, M. Wieviorka) autour des mobilisations étudiantes, régionalistes, antinucléaires prend alors la connotation d'une quête du mouvement social apte à prendre la relève du mouvement ouvrier. « On comprend mieux maintenant, dans ce contexte historique, l'objectif central de notre recherche, découvrir le mouvement social qui occupera, dans la société programmée, la place centrale qui fut celle du mouvement ouvrier dans la société industrielle et du mouvement pour les libertés civiques dans la société marchande » [1978, p. 40]. Mais cette quête est aussi travail de deuil permanent. Même les potentialités jugées fortes du mouvement antinucléaire [1980] s'enlisent dans des enjeux locaux, la tentation du repli communautaire, l'impuissance à produire un cadre théorique qui identifie clairement ses valeurs, la désignation d'un adversaire (l'atome ? le plan Messmer ? le pouvoir technocratique ?).

L'approche tourainienne s'identifie aussi à une méthode : l'*intervention sociologique*, largement théorisée par Touraine [1978, 1980]. Les sociologues doivent entrer en contact direct avec le mouvement social, échanger avec ses acteurs. Ils doivent obliger le groupe mobilisé à expliciter le sens de son action par un double processus de confrontation intellectuelle entre le groupe mobilisé et ses adversaires (invitation d'un responsable d'EDF chez des antinucléaires, par exemple), entre le groupe et l'analyse des sociologues sur son action. Ce processus stimule une auto-analyse par le groupe mobilisé, provoque une maïeutique qui permet à la fois aux acteurs d'expliciter le sens de leur lutte et aux sociologues de construire leur analyse.

Les luttes de l'après-société industrielle

L'enjeu du débat sur les nouveaux mouvements sociaux ne se restreint pas à identifier un renouvellement des formes de la mobilisation. C'est tout un diagnostic de changement social qui se joue, le possible passage dans un nouveau « registre » — pour emprunter à Tilly — postmatérialiste de l'action collective.

La « révolution silencieuse » du postmatérialisme

Les travaux américains de Ronald Inglehart [1977] apportent un important arrière-plan à l'analyse des NMS. Sa thèse centrale souligne que, dans les sociétés occidentales, la satisfaction des besoins matériels de base pour l'essentiel de la population déplace les demandes vers des revendications plus qualitatives de participation, de préservation de l'autonomie, de qualité de vie, de contrôle des processus de travail. Inglehart associe aussi ce glissement « postmatérialiste » des attentes à la valorisation des questions identitaires, de la quête d'une estime de soi. Il souligne également les effets du processus de scolarisation comme élément explicatif d'une moindre disposition des générations nouvelles aux pratiques de délégation et de soumission à un ordre organisationnel fortement hiérarchique. Ces données participent en fait d'un ensemble de travaux sociologiques plus anciens dont l'hypothèse centrale tourne autour d'une forme de dépassement du modèle de la société industrielle et de ses conflits. Daniel Bell avait labellisé l'idée d'une société « postindustrielle », Inglehart identifie un « post-matérialisme », mais s'emploie aussi, à travers la mobilisation d'enquêtes et la construction d'indicateurs, à apporter des éléments d'objectivation de cette tendance. En comparant sur six pays d'Europe occidentale les systèmes d'attitudes et de hiérarchies de valeur, il met ainsi fortement en évidence la montée constante d'un univers de valeurs « postmatérialistes » à peine perceptibles dans les générations âgées, mais déjà dominantes dans les premières générations des *baby-boomers*. S'intéressant aux Verts allemands (*in* Dalton et Kuechler [1990]), il rejoint les analyses des théoriciens des NMS pour voir, tant dans les revendications du mouvement que dans son organisation pensée comme anti-oligarchique, une mobilisation caractéristique des nouvelles tendances culturelles, le signe de l'entrée dans une ère sociale nouvelle.

Vers un nouvel ordre social

Toute l'originalité et même le bien-fondé de la littérature sur les nouveaux mouvements sociaux se jouent ici. Pour les auteurs de ce courant, l'intérêt de l'objet ne tient pas seulement à ce qu'il manifeste un renouvellement des mouvements sociaux, mais à ce qu'il fonctionne comme révélateur d'un « après » du mouvement ouvrier, de la société industrielle, des luttes centrées sur l'usine. Les théoriciens des nouveaux mouvements sociaux manifestent une ambition théorique forte : celle de partir de l'analyse des mobilisations pour comprendre la nature même des sociétés contemporaines. Ils vont souligner combien le capitalisme contemporain est marqué par le rôle de la technique, l'importance des compétences gestionnaires qui se conjuguent pour susciter un pouvoir technocratique.

Dans ce système de plus en plus mondialisé, de plus en plus complexe, de plus en plus apte aussi à centraliser données et informations de toute nature, ce sont les possibilités de maîtrise et de contrôle du développement social, de l'« historicité » qui s'accroissent, qui doivent être impérativement utilisées pour éviter les effets pervers et les dérapages du développement. La « société programmée » qu'évoque Touraine est aussi parente de cette « société du risque » que mettront à l'ordre du jour les années quatre-vingt-dix. La place prise par la dimension gestionnaire, la collecte de l'information, la connaissance des comportements sociaux porte aussi une dimension de l'information et de la communication au cœur du nouvel ordre social. Melluci utilise l'image des expropriations de paysans au moment de la révolution industrielle pour proposer la métaphore d'une seconde expropriation, culturelle et symbolique celle-là, par le capitalisme moderne.

Deux exemples expliciteront cette image. Le développement, très récent, du marché des cosmétiques pour hommes n'a pu s'opérer que par un travail symbolique — *via* la publicité et le discours médical en particulier — qui va redéfinir le rapport masculin au vieillissement, retravailler par là l'identité masculine même, et donc dévaluer aussi des représentations antérieures, socialement situées, de la virilité. Les politiques de prévention du risque — tabagisme, alcool, consommation de graisses, MST et cancers — sont aussi de celles qui, partant d'une connaissance savante des comportements, peuvent produire des effets de dénonciation ou de stigmatisation de styles de vie « à risques », « archaïques », et par extension la déstabilisation de certains statuts identitaires. Le fonctionnement parallèle des politiques publiques et des impératifs de création de marchés nouveaux donne désormais une place centrale aux activités de traitement de l'information, de maniement de symboles dans le travail des pouvoirs sociaux. Parce que ces interventions affectent pour des groupes entiers leurs images sociales, leurs styles de vie, la société « programmée » ou « d'information » agit sur des éléments constitutifs de l'identité. Le fait explique aussi pourquoi, sur un mode tantôt réactif, tantôt proactif, la question identitaire émerge comme enjeu politique. Les analyses relatives aux nouveaux mouvements sociaux rendent intelligible cette dimension d'une part importante des mobilisations contemporaines.

Un bilan contrasté

Un effet « trente glorieuses » ?

La sociologie des nouveaux mouvements sociaux s'est plongée avec passion dans l'analyse des formes nouvelles de mobilisation qui ont accompagné l'apogée des années prospères de l'après-guerre. On hésitera pourtant à écrire que ce corpus de recherche ait laissé une boîte à outils conceptuelle encore très féconde. La littérature sur les nouveaux mouvements sociaux a souvent mal vieilli, en partie parce que prisonnière du moment de son élaboration.

Un premier travers réside dans une fascination pour l'objet, une impatience à théoriser l'immédiat, qui débouche parfois sur une célébration complice de la nouveauté. Or, nombre des traits associés au « nouveau » se retrouvent sans peine dans diverses séquences de mobilisations « anciennes ». La revendication de la journée de travail de huit heures par le mouvement ouvrier du début du siècle n'était-elle pas qualitative ? Les occupations d'usine, les marches de chômeurs qui ont marqué les années trente n'incarnaient-elles pas des innovations tactiques comparables à celles des « nouvelles » mobilisations récentes ? La revendication d'égalité de droits qui a structuré dans les années cinquante et soixante le « vieux » mouvement noir pour les droits civiques n'était-elle pas éminemment qualitative ? A l'inverse, on peut observer qu'une part des « nouveaux » mouvements qui avaient suscité un travail de théorisation ont subi, comme l'écologisme en Allemagne ou en France, des processus d'institutionnalisation avancés. Sans postuler une sorte d'« histoire naturelle » des mouvements sociaux qui les refroidirait inexorablement vers le statut de groupe de pression, des travaux comme ceux de Tarrow [1989] sur le « mai rampant » italien des années 1967-1973 ou de Klandermans ([1990] *in* Dalton et Kuechler) sur le pacifisme aux Pays-Bas montrent que les leaders des « nouveaux » mouvements peuvent être d'ex-cadres d'organisations « anciennes », que les moments de dislocation organisationnelle rapprochent souvent de façon surprenante structures et acteurs de l'ancien et du nouveau. Bref, penser le nouveau comme étant aussi, en partie, lisible en termes de moment dans une trajectoire d'institutionnalisation peut éviter d'annoncer d'abusives épiphanies, en comparant des mouvements sociaux vieux d'un siècle

— syndicalismes, mouvement ouvrier — et des mobilisations émergentes.

Un second travers de l'analyse des NMS a trait à la surestimation possible de l'importance, de la durabilité de certaines formes de mobilisation. Il serait parfois cruel de demander : « Qu'est le nouveau devenu ? » Où sont passés en France les mouvements féministes, régionalistes ? Les mobilisations anti-institutionnelles sur les prisons ou l'hôpital psychiatrique ? Le poids des années de crise, le chômage ont aussi contribué à redonner force aux revendications « matérialistes ». Au terme d'une enquête considérable sur l'activité manifestante dans la France des années quatre-vingt, Fillieule [1996] a pu ainsi établir de façon irréfutable que les mobilisations à visée « matérialiste » (salaires, emplois, social) demeurent, de très loin, la composante dominante de l'activité manifestante.

La double dynamique de mobilisations modernisatrices

Melucci [1990] a pu évoquer l'ambiguïté modernisatrice des NMS. Ceux-ci doivent inséparablement une part de leur réussite initiale et de leur résorption parfois rapide à deux facteurs. En premier lieu, ils se sont souvent attaqués aux segments les plus archaïques des institutions politiques ou sociales (hôpitaux psychiatriques, prisons, institution judiciaire, législations relatives à la sexualité et à l'avortement). Ces mobilisations ont trouvé jusqu'au sein de l'État et des élites modernisatrices des relais et des sympathies qui contribueront à des changements. Sur un autre plan, l'accent mis par les nouveaux mouvements sociaux sur la question des identités, le refus de la normalisation en matière de rapport au corps, à la nature, au travail a également pu aboutir à créer des « marchés » par l'intermédiaire desquels la consommation des biens et services adéquats a pu apparaître comme une forme de substitut agréable à la mobilisation. On peut illustrer cette hypothèse en évoquant l'utilisation massive de l'argument « vert » par les publicitaires, l'apparition de marques proposant des produits alimentaires à la fois cultivés de façon « traditionnelle » et mieux payés au producteur, pour lesquels la consommation — d'une marque de café, par exemple — devient à la fois écologique et anti-impérialiste. Il faudrait y adjoindre l'explosion de l'offre des prestations en matière de thérapie psychique ou sexuelle, le développement à Londres ou à Paris de rues « gay » avec leurs magasins et cafés.

Les limites des théories des NMS tiennent aussi aux rapports complexes noués par les chercheurs avec leur objet. Anthony Giddens a pu décrire les sciences sociales comme prises dans une « double herméneutique » où les chercheurs se saisissent des discours des acteurs pour les interpréter, tandis que les acteurs s'emparent eux-mêmes des travaux savants à des fins de compréhension et/ou de légitimation. La démarche tourainienne d'intervention sociologique, proposant une sorte de diagnostic critique à chaud du sens de la mobilisation, a pris sur ce point une option stimulante et périlleuse. S'il favorise une connaissance intime du terrain, le rapport ainsi noué entre chercheurs et militants pousse à l'extrême cette dynamique circulaire, rend les frontières entre discours d'acteurs et analyses sociologiques d'autant plus poreuses que les groupes mobilisés étaient aussi caractérisés par un fort capital culturel, une capacité à enrôler le discours sociologique. La circularité des discours qui en résulte peut être ambiguë [Ollitrault, 1996], ambiguïté accentuée par les aspects normatifs qu'implique la quête du « vrai » mouvement social.

Les dividendes de l'innovation

Les lacunes des thèses sur les nouveaux mouvements sociaux ne doivent pas faire négliger l'importance de ce courant dans les progrès récents de l'analyse scientifique. Ces travaux ont eu le mérite d'élargir la focale, de contribuer à connecter étude des mobilisations et réflexion sur les grands changements sociaux liés au poids de la technique, du savoir, de la communication. Le savoir-faire des tourainiens en matière d'enquêtes de terrain s'est redéployé dans de riches analyses sur la crise d'identités sociales populaires et leurs effets sur les potentiels de mobilisation [Dubet, 1987 ; Dubet et Lapeyronnie, 1992].

Plus encore, la rencontre tardive entre ce courant et celui de la mobilisation des ressources va permettre de conjurer le risque d'une orthodoxie ronronnante qui menaçait la recherche au milieu des années quatre-vingt. La conjonction entre les interrogations critiques de certains tenants de la mobilisation des ressources aux États-Unis et les problématiques européennes va déboucher sur trois séries de remises en cause qui sont encore aujourd'hui les moteurs de la recherche [Laraña, Johnston et Gusfield, 1994].

Un premier mouvement critique a trait à l'*objectivisme* fréquent des approches « mobilisation des ressources ». Tout se passe comme si les gains de connaissance quant aux conditions structurelles de développement et de succès des mouvements sociaux s'étaient payés d'une marginalisation de leurs protagonistes, prisonniers des mécanismes « objectifs » mis en évidence par l'analyse. Melluci [1990] parle d'« actions sans acteurs », McAdam [1982] considère que certaines versions du modèle ne valent guère plus qu'un « manuel d'organisateur de collectes de fond ». Toute l'expérience *vécue* des agents mobilisés, leurs émotions, leurs motivations fonctionnent alors comme une vaste boîte noire que l'analyste se refuse à ouvrir.

Le poids persistant du legs économiste issu d'Olson aboutit en deuxième lieu à une forme de *stratégisme*, qui réduit le rapport à l'action des individus mobilisés à des calculs de rentabilité, des tactiques de bataille. Cette dimension stratégique est assurément présente. Il était imprudent de penser qu'elle épuise les significations investies dans la lutte par les participants. Deux domaines de réévaluation découlent de ces premières critiques. La réflexion sur les nouveaux mouvements sociaux vient réhabiliter une analyse des *dimensions culturelles et idéologiques* de la mobilisation, de son contexte *politique* aussi. L'attention portée aux machineries organisationnelles, aux ressources disponibles avait parfois fait oublier ce qui constitue une des conditions de la mobilisation et de sa compréhension : le rôle des croyances, du sentiment de l'injustice, de la conviction du bien-fondé de la protestation. Craig Calhoun [1995] le souligne à propos des étudiants chinois du « Printemps de Pékin » : structures sociales et cadres culturels sont inséparables. L'héritage des répertoires de protestation propres à une culture, la visibilité des thèmes mis en discussion par les médias et la production culturelle, la force de sentiments d'incertitude identitaire constituent autant de variables nécessaires pour comprendre la « libération cognitive » qui rend possible l'expression publique de revendications dans la Chine de 1989.

VI / Militantisme et construction identitaire

Le risque des remises en cause suscitées par l'approche des nouveaux mouvements sociaux était d'aboutir à un de ces processus qui apparentent la sociologie à la haute couture : la succession des modes. Le jeu consiste alors à revendiquer l'invention d'un « paradigme » qui dépasse les précédents, et s'accompagne généralement de la coûteuse amnésie des acquis antérieurs. De nouvelles étiquettes théoriques n'ont pas manqué d'apparaître : « paradigme identitaire » [Cohen, 1985], « modèle du processus politique » [McAdam, 1982]. La dynamique de la recherche contemporaine est cependant restée cohérente autour d'un parti pris de globalisation et d'élargissement des problématiques. Sur le socle des acquis de la « mobilisation des ressources », trois processus de greffe se font jour. Le premier réintroduit l'attention au vécu des acteurs qu'avait utilement manifesté le moment *collective behaviour* (Gusfield, *in* Laraña *et al.* [1994]). Le deuxième emprunte aux « nouveaux mouvements sociaux » les problématiques de l'identité, la sensibilité aux contenus du changement social, de la quête du sens et d'un nouvel ordre de vie. Enfin, l'attention à la dimension politique, au rôle des médias et mises en scène des mouvements sociaux dans l'espace public passe par des emprunts aux problématiques « constructivistes ».

Trois chapitres successifs permettront de suivre la progression vers cette problématique globale : l'analyse du militantisme, celle du rôle des idéologies, de la prise en compte du système politique enfin.

Le « casting » des mouvements sociaux version « mobilisation des ressources » était économe en personnages. Au centre de la scène, l'entrepreneur de protestation, stratège et organisateur. Plus en retrait, la cohorte des *constituents* (membres actifs), personnages assez prévisibles malgré leur diversité puisque leur propension à se mobiliser, ou non, semble découler mécaniquement des structures sociales auxquelles ils appartiennent et que leur épaisseur psychologique se réduit en général aux déclinaisons d'une commune tendance au calcul rationnel des rendements de l'action. Dans les cintres enfin, le *deus ex machina* du militant moral, que le metteur en scène fait descendre au moment pathétique pour dénouer le paradoxe d'Olson, augmenter la rentabilité de la participation. Le développement de travaux empiriques, d'une ethnographie de terrain des engagements militants va permettre de donner plus de richesse et de réalité à ce tableau. Il va mettre en évidence la dimension du sens dans l'engagement, la façon dont celui-ci se traduit aussi en constitution d'une identité inséparablement personnelle et collective. Ce déplacement du regard aboutira à un dépassement définitif des modèles réducteurs hérités de l'analyse économique.

Une approche sociologique du militantisme

L'attention de la sociologie politique pour le militantisme s'est longtemps bornée à deux terrains. Elle a privilégié l'engagement dans les partis politiques ; elle s'est surtout fixée sur un travail d'objectivation de certains déterminants du militantisme comme le statut social, la socialisation familiale. Corrélativement, elle s'est moins intéressée aux engagements de type associatif. Elle a surtout prêté peu d'attention à l'expérience vécue des militants, aux activités quotidiennes dans lesquelles se traduit leur engagement.

Déterminants et rétributions du militantisme

L'un des points aveugles des travaux « mobilisation des ressources » était d'en rester à une vision structurale, macrosociologique de l'engagement. Le modèle de la *catnet* (voir p. 61), la typologie d'Oberschall rendent compte des probabilités d'émergence d'énergies militantes. Ils ne permettent en rien, au sein d'un groupe donné, de comprendre pourquoi certains militent tandis que d'autres demeurent passifs. En travaillant à partir des dossiers individuels remplis par des étudiants volontaires pour soutenir le mouvement des droits civiques, en retrouvant une large partie des protagonistes de cette mobilisation, McAdam [1988] va s'attaquer à cette énigme et mettre en évidence trois variables : plus un individu est déjà au contact de personnes engagées dans l'action militante, plus sa situation personnelle minimise les contraintes professionnelles et familiales, plus ses projets d'engagement reçoivent l'aval de ceux dont il est affectivement proche, plus la probabilité de le voir militer s'accroît.

Il faut regretter que l'analyse de McAdam ne développe que peu la prise en considération des profils sociaux de sa population (origine familiale, trajectoires) et ne puisse mobiliser un groupe témoin d'étudiants n'ayant eu aucun engagement, laissant par là ouverte la question préalable de ce qui fait entrer certains étudiants, et certains seulement, dans les réseaux associatifs. Mais sur des points essentiels, un ensemble de travaux viennent conforter ses analyses, souligner en particulier l'importance d'un paramètre psychoaffectif. Le soutien des proches, l'investissement d'amis dans un mouvement social sont des facteurs explicatifs puissants des recrutements. Le phénomène s'observe avec force dans des situations où le contrôle policier fait des sociabilités privées l'un des seuls supports fiables de mobilisation, comme en Allemagne de l'Est, lors des mobili-

---

Freedom Summer Les déterminants d'un engagement militant exigeant

L'enquête de McAdam repose sur l'exploitation de 959 dossiers de candidatures. Il retrouvera la trace de 556 volontaires et obtiendra réponses écrites ou entretiens par 384 anciens militants. Son analyse sollicite aussi la distinction entre les candidats qui ont effectivement participé au mouvement au sein des communautés noires du Mississippi et les « défecteurs » qui, après leur candidature, n'iront pas sur place faute de disponibilité ou par crainte des risques — plusieurs participants seront tués ou blessés par des organisations racistes dès la première semaine.

Plus un individu a des militants parmi ses relations personnelles et amicales, plus grandit la probabilité pour qu'il candidate et participe. Ainsi lorsqu'un des parrains requis pour le dossier de candidature est lui-même un participant au mouvement, le taux de défection tombe d'une moyenne de 25 % à 12 % seulement. De la même façon, l'immersion dans des réseaux associatifs est un élément fortement prédictif. Les volontaires du *Freedom Summer* étaient généralement déjà présents dans les associations étudiantes, l'appartenance aux organisations liées aux droits civiques et à la politique étant en la matière plus prédictive que celle à des organisations purement corporatives (fraternités, etc.). Cette forte insertion dans les réseaux associatifs provoque une forme de cristallisation identitaire : 57 % des participants effectifs font spontanément état dans leur candidature d'une autodéfinition identitaire — « en tant que chrétien », « en tant que socialiste » — contre 29 % chez ceux qui abandonnent.

Au sein d'une population de candidats aux engagements assez homogènes, la « disponibilité biographique » est un fort élément de clivage. Le fait d'être majeur, non marié, d'avoir franchi le cap difficile du début des cursus universitaires, de n'être pas inséré professionnellement (ou de disposer de longs congés d'été) favorise la participation, les propriétés inverses la freinent.

Enfin, la variable la plus prédictive a trait à l'attitude des proches (parents, amis). Si ceux-ci ne manifestent pas de fortes oppositions, *a fortiori* s'ils expriment un soutien ou une sympathie pour l'engagement projeté, cet appui apparaît comme une donnée stratégique pour saisir les clivages entre défecteurs et participants effectifs.

Sources : McAdam [1988], McAdam et Paulsen [1993].

---

sations qui précèdent la chute du Mur [Opp et Gern, 1993], mais aussi pour le recrutement des mouvements pacifistes ou des sectes religieuses américaines [Snow *et al.*, 1980].

Une meilleure compréhension du militantisme implique aussi de le penser au quotidien, de comprendre le tissu de relations et d'interactions que suscite l'engagement. A partir d'un travail sur les partis, Daniel Gaxie [1977] sera l'un des premiers à esquisser une théorie de la pratique militante. Partant du modèle d'Olson, Gaxie le sollicite pour dresser une liste — qui vaut pour bien des formes de militantismes — des incitations sélectives que peut apporter un parti : postes de responsabilités, emplois permanents mais aussi acquisition d'une culture, d'un capital social pouvant avoir une rentabilité professionnelle, de positions de visibilité en tant qu'expert d'organisation. Au-delà de ces gains, susceptibles d'être ramenés à des équivalents monétaires, c'est aussi toute une dimension d'intégration sociale que souligne Gaxie : émotion partagée que peut apporter la tension du collage d'affiches en période électorale, chaleur du « pot » d'après-réunion, sentiment gratifiant de participer à un juste combat, d'appartenir à une grande famille qui donne sens à toutes les facettes de la vie sociale. Les pages où McAdam restitue, à partir d'entretiens, l'expérience des militants du *Freedom Summer* sont éclairantes à cet égard, parce que liées à une expérience extrême, risquée, d'engagement militant. Les anciens participants insistent sur l'intensité des liens émotionnels que suscite la découverte simultanée de la vie des communautés noires et de l'expérience inédite des violences racistes, la naissance de relations affectives et parfois amoureuses entre Noirs et Blancs. Un des participants comparera la force des émotions ressenties au choc d'une première prise de LSD. L'expérience ainsi vécue ébranle les personnalités, suscite une modification profonde des schèmes de perception de la vie, sur un mode plus communautaire, suggérant aussi la vision d'une existence plus excitante, prenant un sens plus intense à travers la participation à un mouvement dont les enjeux dépassent les projets et bonheurs individuels [Passerini, 1988].

L'effet « surrégénérateur »

Gaxie désigne par cette métaphore une capacité de certaines structures militantes, occultée par les modèles de mobilisation des ressources, à produire « d'autant plus de combustible qu'elles en consomment davantage ». Cette situation, observable dans les militantismes activistes, apporte un démenti empirique aux analyses fondées sur l'idée d'un calcul des investissements militants, puisque l'intensité des satisfactions, du sentiment de participer à une aventure riche de sens est accrue par celle de l'engagement, du dévouement. Une autre métaphore, celle du pèlerinage proposée par Hirschman [1983], peut éclairer ce phénomène. Hirschman note que, pour le pèlerin en quête d'une aventure spirituelle, les risques et les inconforts du pèlerinage ne s'imputent pas en négatif sur le sens de son expérience, mais y ajoutent. Il cite à ce propos Golda Meir, expliquant pourquoi elle avait, en tant que militante sioniste, rejoint la Palestine à une époque où la lutte y était périlleuse : « J'ai décidé qu'ils ne le feraient pas tout seuls, pas sans que j'y sois [...], il fallait que j'en fasse partie. Pur et simple égoïsme je suppose. » Il en conclut que « le bénéfice individuel de l'action collective n'est pas la différence entre le résultat qu'espère le militant et l'effort fourni, mais la somme de ces deux grandeurs ».

Cette hypothèse permet aussi d'expliquer la logique d'apparente fuite en avant dans l'activisme qui semble le régime de croisière de certains groupes militants. Comme le souligne Gaxie : « Une organisation de masse reposant sur le militantisme ne peut subsister que si elle fonctionne de façon continue à un rythme assez voisin de celui qu'il est nécessaire d'atteindre dans les hautes conjonctures. Accepter que le militantisme se ralentisse, c'est interrompre les satisfactions qui en sont retirées et risquer à terme de perdre des adhérents » (p. 149). Le sens pratique des organisateurs n'est d'ailleurs pas dépourvu de l'intuition de ces phénomènes. Tout un pan du « métier » de militant et d'organisateur consiste à entretenir cet activisme et ses satisfactions, à créer des interactions qui « mouillent » les agents mobilisés, fassent primer un impératif de solidarité sur les calculs individuels et poussent ainsi vers le fonctionnement en « surrégénérateur » de nouveaux contingents de militants.

Les technologies de la militance

Observant une mobilisation anti-*apartheid* sur le campus de Columbia en 1985, Eric Hirsch y saisit sur le vif la mise en œuvre de techniques militantes. Elles visent à accroître l'engagement, à produire un investissement émotionnel qui solidarise à la mobilisation. Hirsch montre que la compréhension des recrutements et de l'implication dans les mouvements sociaux gagne à partir du petit groupe, pour y déceler des interactions dont la dynamique même est de faire reculer une logique individualiste de calcul coûts/avantages.

Dans ce mouvement, malaisément explicable par des gains personnels pour les participants, Hirsch identifie quatre savoir-faire militants. La *montée en conscience* correspond à un travail de politisation, qui diffuse des outils cognitifs, des cadres de perception de l'injustice en privilégiant des échanges directs en situation de face-à-face, dans le cadre d'espaces d'interconnaissances comme les cités universitaires. Ce travail va aboutir au bout de deux ans à un vote unanime — et sans effet — des élus étudiants et enseignants au conseil de l'université, demandant aux gestionnaires de Columbia de ne pas placer sa trésorerie sous forme d'actions de sociétés opérant en Afrique du Sud. Intervient alors la technique de la *montée en puissance collective* (*empowerment*). Elle consiste à amener le mouvement à des formes plus directes de confrontation, présentées comme la condition du succès. Une manifestation va se terminer par une longue occupation, non annoncée, du bâtiment administratif. Le groupe y découvre son pouvoir d'action. Cette montée de la conflictualité engendre à son tour une situation de *polarisation* dans la tension (l'administration fait enregistrer des vidéos des occupants, les menace de renvoi). La situation ainsi créée conforte les participants dans le sentiment d'appartenance à un camp, les met dans l'alternative d'un retrait psychologiquement humiliant ou d'un renforcement de leur identification à la cause. Un participant notera : « Il y avait des Sud-Africains engagés dans le mouvement [...]. J'ai senti que je ne pouvais pas les laisser tomber. J'ai aussi pensé que j'étais une sorte de représentant d'un tas de gens dans l'occupation et il m'a semblé que je ne pouvais pas créer un précédent en abandonnant... » La *délibération collective* vise enfin, par des procédures de type assemblée générale, à produire des décisions consensuelles qui obligent d'autant plus fortement les participants à persister dans l'action qu'ils l'ont décidé.

Source : Hirsch [1988].

L'effet « surrégénérateur » ne peut être appliqué sans distinctions à tous les mouvements sociaux. Il s'observe en particulier dans des types d'organisations présentant des parentés avec le modèle de l'« institution totale » de Goffman [1968], c'est-à-dire exigeant de leurs membres une forme d'orientation globale des pratiques dans tous les moments de la vie publique et privée, proposant un idéal militant contraignant. Les organisations révolutionnaires en sont le terrain privilégié, mais il s'observe aussi au sein des sectes religieuses et des mouvements millénaristes. Les situations de mobilisation intense, qui ont aussi pour effet de déplacer les frontières vie publique/vie privée, de structurer provisoirement toute l'expérience vécue autour du conflit — on peut songer aux situations d'occupations d'entreprise, aux mouvements prolongés comme celui de décembre 1995 en France —, permettent d'observer dans le temps court des situations identiques. Une tel régime de militantisme ne peut guère exister dans des organisations où l'affiliation se rapproche de la simple recherche d'une prestation de service, ne structure pas de façon significative l'identité des membres.

L'analyse des organisations révolutionnaires suggère aussi que, même là, l'effet « surrégénérateur » peut rarement se perpétuer indéfiniment à l'échelon individuel. Le constat renvoie alors aux questions de la professionnalisation et de la routinisation de l'activité militante, de la gestion de la déception. Il suggère aussi, avec prudence pour éviter les assimilations polémiques ou politiquement intéressées, l'utilité d'une articulation entre l'étude du fonctionnement des sectes et celui de certaines formes de mobilisation puisque l'un des impératifs — et des traits du « savoir-faire » — des sectes religieuses est de constituer par diverses techniques une coupure au monde assez forte pour perpétuer l'engagement, rendre l'*exit* ruineux matériellement ou psychologiquement.

Identités militantes

Dans son analyse du « Printemps de Pékin », dont il fut l'observateur direct, Calhoun [1995] évoque l'action des *Flying Tigers*. Il s'agit de microentrepreneurs qui ont pu, grâce à leur échoppe ou à leur commerce de rue, accéder au modeste luxe du cyclomoteur. Privilégiés aux yeux de beaucoup, menu fretin pour les nouveaux riches, leur identité est inconfortable. Beaucoup d'entre eux utiliseront leurs deux-roues pour servir d'estafettes aux manifestants, les ravitailler. Lors d'un entretien, l'un d'eux expliquera sa participation risquée au mouvement par le fait qu'il y trouve enfin une forme de reconnaissance sociale, y découvre le sentiment d'être utile aux yeux des autres et aux siens. Les mouvements sociaux sont aussi des moments privilégiés de construction, de maintenance des identités.

Nous/je

La notion d'identité est, en sciences sociales, d'autant plus problématique qu'elle devient envahissante. Nous retiendrons du travail de Claude Dubar [1991] deux traits de ce qui est un processus. L'identité est à la fois le sentiment subjectif d'une unité personnelle, d'un principe fédérateur durable du moi, et un travail permanent de maintenance et d'adaptation de ce moi à un environnement mobile. L'identité est aussi le fruit d'un travail incessant de négociation entre des actes d'*attribution*, des principes d'identification venant d'autrui et des actes d'*appartenance* qui visent à exprimer l'identité pour soi, les catégories dans lesquelles l'individu entend être perçu. L'action protestataire constitue un terrain propice à ce travail identitaire. Elle constitue un acte public de prise de position qui peut être éminemment classant tant pour l'individu mobilisé que dans le regard des tiers, comme le fait d'arborer le badge *Solidarnosc* dans la Pologne des années quatre-vingt. Elle permet de faire appel des statuts et typifications auxquels les classements sociaux les plus pesants assignent un individu. Participer au mouvement des droits civiques pour un Noir américain d'Alabama revient à revendiquer des droits, mais aussi à refuser l'image méprisante du « nègre » à laquelle l'assigne le regard des Blancs, image qu'il a pu intérioriser sous la forme d'une dépréciation de soi, si douloureusement restituée par les romans de Toni Morrison.

Le militantisme constitue aussi une forme d'institution de réassurance permanente d'une identité valorisante car liée à une cause vécue comme transcendant la biographie individuelle. Hunt et Benford [1994] mettent ainsi en évidence, lors d'une observation ethnographique des militants pacifistes texans, ce qu'ils désignent comme jeu de conversation identitaire (*identity talk*). Les conversations entre militants réactivent quotidiennement le sentiment d'appartenance à un groupe élu. Ce bavardage comporte ainsi ses figures obligées : *récits d'anciens combattants*, évocation des *traumatismes* qui mènent à la révolte — comme ce militant qui se rappelle avec horreur son père commentant les images télévisées de la guerre au Viêtnam comme un match de football —, de la *rencontre* qui fait enfin découvrir l'association adéquate, travail de conversion permanente des expériences quotidiennes dans le langage de la cause sur le mode du *personnal is political*, processus clé de connexion entre le « nous » du mouvement et la définition du « je ».

Identités individuelle et collective ne constituent pas *a priori* deux catégories antagoniques. La participation au collectif offre à l'individu la possibilité de revendiquer de l'appartenance. L'impossibilité de se doter individuellement d'une identité sociale acceptable peut à l'inverse bloquer un mouvement social. L'une des causes de la non-mobilisation des chômeurs réside dans la difficulté à prendre appui sur une identité peu valorisante et une expérience destructurante pour en faire un support d'action [Fillieule, 1993]. La capacité d'un groupe à se doter d'une identité forte et valorisante — fût-elle imaginée — constitue une ressource de première importance pour que ses membres intériorisent une vision de leur potentiel d'action, que le collectif s'affirme dans l'espace public, comme le montre l'analyse des mobilisations paysannes par Champagne [1990]. Il n'est pas absurde de rattacher ces constats à l'importance que Marx donne au passage à la « classe pour soi », à la prise de conscience collective d'une identité, d'un rôle historique possible.

La référence à l'identité doit, elle aussi, éviter de faire des individus mobilisés des stratèges de chaque instant. Les systèmes de représentation de la singularité collective ou individuelle ne sont pas des costumes que les agents sociaux choisiraient sur catalogue, endosseraient à leur gré. Ils sont tributaires de leurs propriétés sociales et de leurs dispositions. Il arrive aussi que des expériences particulièrement fortes, émotionnelles de la mobilisation fonctionnent comme un moment de conversion identitaire, menant les individus vers des trajectoires qu'ils n'avaient nullement programmées. L'expérience choc du *Freedom Summer* vaut d'être à nouveau sollicitée. La comparaison des trajectoires biographiques ultérieures entre militants et « défecteurs » est à cet égard passionnante. Même condensée sur quelques semaines, l'expérience de ce militantisme extrême sera assez forte pour peser souvent de manière définitive sur les biographies. Qu'il s'agisse de participation durable aux mouvements liés aux droits civiques, plus tard au pacifisme, de choix matrimoniaux, de carrières professionnelles marquées par l'instabilité et l'occupation de postes liés à des causes ou au travail social,

Le sexe des mouvements sociaux

La position marginale des *Gender Studies*, particulièrement en Europe, n'a pas encore permis d'intégrer à la réflexion sur les mouvements sociaux une véritable problématique des incidences de la variable de « genre ». Le poids et la place respectifs des hommes et des femmes dans les mobilisations sont cependant d'une grande importance pour comprendre les formes d'organisation et les répertoires de protestation utilisés. Deux illustrations peuvent illustrer la fécondité possible d'un tel éclairage.

On notera d'abord la convergence de travaux américains [McAdam, 1988], italiens [Passerini, 1988] et français [Picq, 1992] qui soulignent l'importance de la contribution féminine aux évolutions des formes du militantisme « soixante-huitard ». Le fonctionnement des organisations contestataires ou gauchistes des années soixante s'est en effet très souvent accompagné d'une division sexuelle du travail des plus traditionnaliste. Le pouvoir et la parole publique restaient largement des attributs masculins. Les militantes étaient cantonnées à des tâches matérielles ou domestiques : *« L'effet évident de cette politique était de reproduire une division traditionnelle entre sexes et tâches dans les projets. Les hommes partaient chaque matin à l'extérieur pour travailler tandis que les femmes restaient autour des* freedom houses *et s'occupaient des enfants (en l'occurrence des élèves)... puis quand les hommes revenaient, fatigués d'avoir fait de la voiture et milité dans des conditions stressantes, elles assuraient la cuisine »* [McAdam, sur le *Freedom Summer*]. Ailleurs, une représentation guerrière de la lutte valorisait les dispositions masculines. Comme le notait une militante de la Ligue communiste révolutionnaire, quel est le statut d'une femme dans une organisation où la qualité la plus prisée est *« d'avoir des couilles » (sic)* ? Cette tension entre sexes constitue à la fois une des clés de compréhension de la décomposition des organisations gauchistes et un élément d'interprétation de l'émergence de nouvelles formes de militantisme (« nouveaux mouvements sociaux ») plus liées à des enjeux de vie quotidienne, à une thématique des droits des générations futures.

Au-delà de ces observations, les travaux récents de l'équipe de Danièle Kergoat [1992], lors du grand conflit des infirmières françaises, suggèrent aussi l'intérêt de la notion de « mouvement social sexué ». L'un des paradoxes de cette mobilisation est qu'elles s'organisent autour de la revendication de reconnaissance d'une identité et d'une compétence professionnelles, sans que cette réclamation se traduise dans des demandes de réformes de statut. Kergoat suggère que cette focalisation sur la reconnaissance d'une compétence professionnelle s'explique par le sentiment que les qualités « féminines » de dévouement, de douceur à l'égard des malades qui appartiennent au savoir-faire des infirmières ne sont précisément pas reconnues comme des preuves de compétence professionnelle mais comme de simples attributs féminins..., ce que traduit bien le slogan du mouvement « Ni nonnes, ni bonnes, ni connes », tout entier bâti contre les stéréotypes de rôle féminin. L'analyse du mouvement suggère aussi que sa composition féminine n'est pas sans lien avec l'importance qu'y prennent les procédures d'assemblée générale, la défiance à l'égard de l'accaparement des responsabilités par des professionnels de la représentation.

Pour reprendre la problématique de Danièle Kergoat, l'objectif n'est pas d'inventer une théorie *gendered* des mouvements sociaux, mais d'introduire dans l'analyse de ces mouvements les rapports sociaux de sexes. Cette perspective invite à penser le rapport des sexes à la violence, à l'inhibition ou à l'expression des émotions, aux jeux et séductions du pouvoir et du verbe. Elle suppose aussi de s'interroger sur les thèmes et objets qui mobilisent différemment les sexes (pourquoi les associations de victimes d'attentats ou d'accidents de la route sont-elles souvent dirigées par des femmes ? *Cf.* le cas du MADD américain

– *Mothers against drunk drivers*). Elle renvoie encore à la façon dont les sexes, en raison de l'inégal partage des engagements professionnels et domestiques, peuvent tisser des liens sociaux (la *catnet*), les mobiliser dans l'action. Elle suggère enfin de reprendre les perspectives de Skocpol [1994] sur le « genre » des États-providence (se sont-ils construits en protégeant les mères, les anciens combattants, les salariés ?). Il faut alors penser le processus dialectique de construction des politiques (sociales notamment) par des mobilisations marquées par les rapports sociaux de sexes… et de construction des rôles sexuels par les dispositifs de l'État-providence.

les destinées des militants se démarquent objectivement de celles des défecteurs, et *a fortiori* de celles des étudiants sans engagements. Outre qu'elles invalident les discours éculés sur les militants des années soixante devenus conservateurs ou *yuppies*, ces données manifestent la puissance de remodelage identitaire d'expériences limites de mobilisation lorsqu'elles interviennent en des moments où les possibles biographiques sont ouverts…

Mobilisations identitaires

Si la dimension identitaire est partie intégrante des mouvements sociaux, elle y prend une place éminente dans une série de mobilisations spécifiques, obligeant en cela à associer au terme de « rétribution du militantisme » proposé par Gaxie une acception large, qui englobe des valeurs aussi diverses que l'estime de soi, le sentiment de sa dignité, des sensations gratifiantes.

Cette centralité de l'identitaire est à l'évidence le cas dans les mouvements *nationalistes* dont l'enjeu — s'il comporte toujours des dimensions liées à l'économique — est précisément d'obtenir la reconnaissance d'une identité sous la forme « absolue » de la souveraineté étatique ou de l'autonomie juridique du groupe [Anderson B., 1983].

A partir de l'étude des mouvements antialcooliques et prohibitionnistes aux États-Unis, Joseph Gusfield [1963] a mis en évidence une autre catégorie de mobilisations, fortement ancrée sur une dimension identitaire : les *mouvements de statut*. Dans ces mobilisations, l'enjeu est de préserver, de conforter le statut social d'un groupe, c'est-à-dire son prestige, la considération qu'il estime mériter. Le processus passe par l'affirmation — ou la réaffirmation, compte tenu de la dimension réactive de ces mouvements, souvent liés à des groupes en déclin social — des valeurs et du style de vie du groupe posés comme les normes légitimes de comportement. Les mouvements pour la tempérance aux États-Unis seront d'abord, au début du XIXe siècle, le fait des patriciens fédéralistes, réagissant contre la montée des parvenus de l'ère jacksonienne. Cinquante ans plus tard, le centre de gravité du mouvement se déplace vers les classes moyennes protestantes, rurales, « natives », des États-Unis dans leur mobilisation contre le poids jugé menaçant des nouveaux immigrants, catholiques et urbains. Dans les deux cas, le principe de la mobilisation est identique. Un trait culturel du groupe, ici la tempérance liée à une forme d'athlétisme moral protestant, est érigé en vecteur d'une essence de l'américanité. Le prohibitionnisme permet à la fois au groupe de se poser en incarnation des valeurs de l'identité nationale et de stigmatiser parvenus ou classes dangereuses, intempérantes, moralement désarmées, assez *unamerican* pour nécessiter le magistère moral du groupe dépositaire de l'essence identitaire de la communauté.

La dimension identitaire prend encore une place singulière dans le travail de mobilisation des groupes qui se heurtent à une forte *stigmatisation*, doivent gérer des images sociales très négatives. En raisonnant sur le cas des communautés homosexuelles, on peut émettre l'hypothèse qu'une mobilisation de ces groupes passe par un moment identitaire initial où le militantisme ne se déploie pas tant « contre » un adversaire que comme travail du groupe sur lui-même. Dans le cas des lesbiennes américaines, analysé par Verta Taylor et Nancy Whitter (*in* Morris et McClurg-Mueller [1992]), cette action passe par la mise sur pied d'un réseau d'institutions communautaires dans les domaines des loisirs, de la culture, de la santé, de la presse. Ce réseau constitue lui-même le support d'un travail symbolique qui construit contre le stigmate — ou en le valorisant — une identité lesbienne positive. Nécessaire, cette étape de « célébration » identitaire peut aussi enfermer le mouvement dans un ghetto communautaire.

La prise en considération du statut stigmatisé que doivent souvent gérer les communautés homosexuelles est à l'origine d'une très stimulante contribution de Mary Bernstein [1997]. Elle souligne un des dilemmes stratégiques d'une mobilisation des gays et lesbiennes. Faut-il afficher avec flamboyance une identité de rupture, revendiquer offensivement une différence irréductible que peuvent symboliser dans un cortège manifestant des drag-queens ? Ou vaut-il mieux pour obtenir des réformes législatives souligner, dans une logique de profil bas, que ce que revendiquent les homosexuels n'est rien d'autre que ce dont disposent les hétérosexuels : le droit de vivre paisiblement et sans honte une relation sexuelle et affective ? Le double intérêt du traitement de cette question, entrepris dans une logique comparative à partir de l'observation des mobilisations dans plusieurs États et villes des USA, est à la fois de rendre éclatante l'imbrication constante de la dimension identitaire et d'une action orientée vers des enjeux pratiques, et de manifester l'importance du cadre politique (voir *infra* p. 101-106) sur les modes d'expression de la dimension identitaire. Bernstein propose à cet effet un jeu de distinctions. L'identité peut d'abord être pensée comme le simple sentiment d'appartenir à un nous, une ressource obligée de consolidation (*empowerment*) de tout groupe mobilisé contre un « eux ». Elle peut en second lieu être le but d'un travail de légitimation et d'affirmation dans l'espace public pour des groupes stigmatisés. Mais ces dimensions ne doivent pas faire oublier une troisième lecture, celle de l'identité comme stratégie de l'action collective. Celle-ci peut s'afficher de multiples façons entre un registre critique qu'on peut associer à l'idée de stratégies de provocation et un registre éducatif qui s'emploie à faire percevoir l'identité du groupe comme parfaitement compatible avec des valeurs sociales dominantes. Pour les homosexuels le jeu stratégique peut ainsi consister à revendiquer avec humour ou agressivité le stigmate du « fléau social » ou, alternativement, à mettre en scène la revendication plus consensuelle du droit à une conjugalité paisible. Toute la démonstration de Bernstein est alors de montrer que le choix de ces stratégies dépend moins de différences radicales de nature entre organisations homosexuelles que du degré de structuration d'une communauté gay, des possibilités que lui offre le système politique et de l'existence ou non de mouvements homophobes organisés. Les stratégies agressives de « célébration » identitaire se déploieront avant tout quand les homosexuels seront confrontés à la tâche initiale de créer une communauté, ne disposant d'aucun relais au sein des institutions politico-administratives. À l'inverse les situations où existe déjà une communauté gay organisée et où se présentent des relais institutionnels (comme dans l'État du Vermont où des élus démocrates du parlement de l'État affichent leur homosexualité) sont plus propices à des stratégies « éducatives » par lesquelles les homosexuels banalisent leur situation. Le cas de l'Oregon où existe une coalition anti-homosexuels active illustre un autre cas où un rapport de forces menaçant explique largement le choix dominant d'une stratégie défensive, euphémisant la singularité de l'identité gay, soulignant davantage que les homosexuels sont des citoyens « comme les autres », revendiquant le simple respect de leur liberté affective et sexuelle.

L'attention portée par les sociologues à l'identité soulève enfin la question de leurs références théoriques. Un tel objet peut-il être pensé sans le secours de la psychologie ? Un net *aggiornamento* se dessine sur ce point, puisque tant Gamson que Gusfield ou McAdam plaident aujourd'hui en faveur d'emprunts aux disciplines de la psychologie. Cette réorientation est illustrée par les travaux de Bert Klandermans. Celui-ci développe une « expansion psychosociologique de la mobilisation des ressources » [1984] pour analyser une mobilisation syndicale en faveur de la semaine de trente-cinq heures aux Pays-Bas. L'étude montre combien les doutes qui existent sur l'efficacité des trente-cinq heures comme réponse au chômage et la crainte répandue d'une mobilisation modeste vont se conjuguer pour entraîner l'échec du mouvement.

Cette analyse de psychologie cognitive éclaire la façon dont les ouvriers gèrent une situation d'incertitude quant à la participation de leurs collègues, intègrent dans leurs comportements un pronostic sur le succès du mouvement. Elle restreint aussi son propos : « L'accent n'est pas mis sur des caractéristiques de personnalité ou des états psychologiques, mais sur le processus psychologique d'évaluation des coûts et bénéfices » (p. 597). Peut-on suggérer que c'est encore sous-employer la psychologie que d'en faire une science auxiliaire du calcul économique, de sa mise en œuvre individuelle ? Qu'une psychologie qui refuse de prendre en compte désirs et affects est impotente ? Les pistes ouvertes par Philippe Braud à propos des motivations psychologiques de l'engagement dans les carrières politiques [1996], par Serge Moscovici [1979] pour construire, à partir de l'engagement de Soljenitsyne, un modèle du comportement des « minorités actives » et des formes et limites de leur pouvoir d'attraction peuvent sembler plus fécondes.

Vers une économie des pratiques

Une sociologie empirique du militantisme constitue l'un des terrains les plus féconds pour cantonner à ses justes proportions le modèle de l'*Homo oeconomicus* calculateur comme principe explicatif de mouvements sociaux. La sociologie de Pierre Bourdieu [1994] offre sur ce terrain une conceptualisation particulièrement forte.

Toute sociologie des mouvements sociaux est confrontée à une variété de situations dans lesquelles tantôt la dimension du calcul d'avantages matériels est observable, tantôt semblent dominer des motivations plus désintéressées. Il est possible de se cantonner à une explication économique, soit en ristournant à d'autres disciplines (psychologie) les cas qui résistent au modèle, soit en les faisant entrer de force dans le modèle en appelant « incitations sélectives » les dimensions identitaires ou symboliques. Il est plus fécond de rechercher une théorie de l'action attentive à la diversité des mobilisations et donc assez plastique pour la prendre en compte.

Trois séries de considérations peuvent aider à avancer dans cette voie. La première consiste à prendre au sérieux la diversité des mondes sociaux, des *champs* dans lesquels se développent les mobilisations. La socialisation dans et à ces univers engendre des systèmes de dispositions (habitus), des investissements — avec toutes les connotations de ce terme — profondément différenciés.

La notion d'*illusio*, comme croyance, investissement d'énergie et de désir, fondatrice de l'appartenance à un champ social, peut aider à comprendre que des individus placés dans des champs différents puissent désirer des formes de reconnaissance, des biens incomparables entre eux. Cette *illusio* peut prendre la forme de comportements explicitement antiéconomiques qu'illustrent les sociétés régies par l'honneur où « tenir son rang », préserver son prestige peut conduire familles et groupes à la ruine. Certains segments du monde intellectuel ou artistique illustrent également la spécificité d'espaces sociaux où des croyances partagées font considérer comme dévalorisantes certaines formes de réussite matérielle, de consécration par un marché autre que celui des initiés.

Ce point de départ permet de dépasser la notion réductrice de rationalité comme calcul coûts/avantages, pour lui substituer le critère de l'action *raisonnable*, dont les acteurs ou l'analyste peuvent rendre raison. La violente manifestation communiste organisée en 1954 contre la présence en France du général américain Ridgway ne peut s'expliquer dans le modèle du calcul rationnel. Réintégrée dans l'univers de la sociabilité communiste, pensée en relation avec le plaisir de manifester dans la rue la force du parti, d'exprimer un idéal de virilité propre au monde ouvrier, de régler des comptes avec les forces de police, cette action retrouve un sens, redevient raisonnable au sens d'adéquate à un univers de significations. La participation à l'action collective peut aussi être raisonnable, et même rationnelle, sans que cela suppose de la part des acteurs un processus réfléchi de délibération ou de calcul. La force de l'émotion, les réactions issues des habitus suffisent souvent à provoquer des engagements inspirés par la solidarité, l'indignation, un sens pratique qui n'implique pas une posture comptable. « Il y a une économie des pratiques, c'est-à-dire une raison immanente aux pratiques qui ne trouve son origine ni dans les "décisions" de la raison comme calcul conscient, ni dans les déterminations de mécanismes extérieurs et supérieurs aux agents [...]. Faute de reconnaître aucune autre forme d'action que l'action rationnelle ou la réaction mécanique, on s'interdit de comprendre la logique de toutes les actions qui sont raisonnables sans être le produit d'un dessein raisonné, ou, à plus forte raison, d'un calcul rationnel » [Bourdieu, 1980, p. 85-86].

L'enjeu n'est pas de nier l'apport possible de l'économie. De nombreux cas de mouvements sociaux (et sans doute plus encore d'absence de mobilisations) peuvent être mieux compris en prenant en considération les enjeux matériels et les calculs qu'y associent les agents sociaux. L'approche sociologique invite plus simplement à prendre en compte le poids éminemment variable du calcul « rationnel » et de la quête du profit matériel parmi la diversité des mobilisations et de leurs sites de développement. Elle demande aussi, là même où une lecture « économique » semble pertinente, d'expliciter comment des dispositions calculatrices naissent, sont intériorisées, bref à considérer de telles attitudes comme un fait à expliquer, non comme une explication.

Mobilisation rationnelle ou raisonnable ?

Dans son étude, déjà présentée plus haut (p. 49), sur les luttes paysannes dans le Léon, Elegoët [1984] souligne l'existence, en face des paysans mobilisés pour rationaliser le marché, d'une contre-mobilisation des « indépendants ». L'analyse montre que leur hostilité au changement peut s'expliquer par le fait qu'ils n'y trouvent guère d'avantages. Concentrés sur la bande côtière, ces paysans voient leurs récoltes bénéficier de conditions climatiques qui leur garantissent une maturité précoce et un écoulement avant les moments de surproduction. Ce sont aussi des paysans plus âgés, moins engagés dans la phase initiale d'un cycle d'investissements, moins pressés par des remboursements d'emprunts exigeant un revenu régulier. Illustration de la merveilleuse force d'une explication économique ? Mais leur hostilité vient aussi de ce que le marché au cadran met fin aux longues négociations au café, moment privilégié de sociabilité masculine, et suppose surtout le paiement au producteur par chèque, dévoilant à l'épouse, *via* le relevé du Crédit agricole, le secret des rentrées monétaires réelles de la ferme, menaçant par là une autonomie que ces hommes âgés voient mal remise en cause. Il est possible de retraduire ces données en langage économique, en termes de contrôle des revenus au sein du couple. Mais qu'y gagne-t-on ? Qu'y perd-on en compréhension des cadres culturels, des données de sociabilité comme déterminants d'une action raisonnable sans être réductible au calcul rationnel ?

VII / La construction symbolique des mouvements sociaux

Le redéploiement de l'analyse des mouvements sociaux passe par la réhabilitation d'une dimension bien perçue par l'école *collective behaviour* : celle des croyances et des idéologies. Mais les problématiques contemporaines ne se réduisent pas à une redécouverte des acquis des années cinquante. Elles mobilisent des cadres d'analyse issus de l'interactionnisme. Elles empruntent à la sensibilité « constructiviste » qui souligne combien les groupes et les problèmes sociaux ne sont pas des objets trouvés, naturels, mais le fruit d'interactions qui les construisent, leur donnent une consistance. Le mouvement de la recherche se confronte aussi aux objets que suscitent les changements sociaux : le rôle des médias est de ceux-là, qui contribue à modifier les conditions de construction et de mise en scène dans l'espace public des groupes et revendications.

La redécouverte du « travail politique »

Mobiliser le consensus

Avec les notions de « croyance généralisée » ou de « norme émergente », l'école du comportement collectif avait souligné que les mouvements sociaux ne naissent pas mécaniquement d'une accumulation de frustrations. Le passage à l'action collective suppose un travail sur les représentations qui donne un langage au mécontentement. Adam Michnik, conseiller de *Solidarnosc*, exprimait à merveille cette donnée en écrivant en 1981, dans un système où le marxisme, langage de nombreuses protestations, était devenu langue d'État : « Le débat autour du langage est le débat central autour duquel s'est axée la vie intellectuelle [...], au long de ces années la grande majorité de la société avait perdu son langage. La réalité était terrible, la réalité était épouvantable et on ne savait plus la nommer. »

Doter la protestation d'un langage signifie transformer le malaise vécu en injustice, en scandale, le légitimer au regard d'un système de normes et de valeurs, bref « monter en généralité », transformer un cas en cause. Dans les sociétés démocratiques, la catégorie du « droit à... » est particulièrement propice à ce processus, tout comme la référence à un discours d'expertise, accordée à la rationalité technicienne. Donner un langage, c'est aussi désigner des responsables, formuler des revendications en forme de solutions. Les dimensions symboliques de ce recours au langage sont donc variées. Il comporte une dimension *cognitive* en apportant les mots, les classements, les explications qui ordonnent le monde. Cette dimension cognitive ne se réduit pas à l'idéologie, considérée comme illusion ou croyance fausse. L'analyse des nouveaux mouvements sociaux a souligné la composante réflexive des mobilisations, leur capacité à incorporer jusqu'aux discours savants. En désignant des causes et des responsables, la dimension symbolique est aussi *normative*. Elle dit le bien et le mal, le « nous » et le « eux », et comporte aussi par là une composante *identitaire*. Enfin, rendant possible la formulation des griefs et des demandes, elle ouvre un registre *expressif*.

En travaillant sur une mobilisation pacifiste dans une petite ville de l'agglomération d'Amsterdam, Klandermans et Oegema [1987] ont mis en évidence la dimension stratégique de ce « travail politique » de diffusion d'un discours explicatif et normatif. Ils proposent en particulier de décomposer tout mouvement social en deux séquences. La « mobilisation du consensus » repose sur cette activité de propagande. Elle vise à produire par un travail militant — affiches, réunions, tracts — la diffusion d'un point de vue sur le monde, sur le « problème » visé, la constitution d'un public favorable à la cause défendue. C'est seulement au terme de ce travail en profondeur que peut se développer une « mobilisation de l'action » visant à transformer le capital de sympathie en engagements précis, ici la participation à une manifestation. L'étude hollandaise montre le hiatus possible entre ces deux moments du mouvement social puisque 76 % de l'échantillon interrogé déclarent partager les objectifs des pacifistes, mais que 10 % seulement se déclarent prêts à manifester, chiffre lui-même supérieur aux 4 % de participants réels identifiés.

Il est significatif que réapparaissent, depuis quelques années, dans les revues scientifiques, des travaux sur des objets quelque peu négligés : tracts, matériel de propagande, plate-forme des organisateurs de mobilisation. Si elles ont le mérite de proposer une quantification, une lecture souvent fine de ces matériaux et de leur réception, ces analyses suggèrent aussi un certain malaise par ce qu'elles comportent de redécouverte qui s'ignore. Il suffit en effet d'un peu de familiarité avec le corpus des marxismes pour y trouver nombre de textes qui révèlent une maîtrise pratique, une théorisation même de cette importance du travail politique sur les représentations, les idéologies comme préalable à l'action. L'occultation de cet héritage produit aussi des effets scientifiquement pervers.

A propos de la création du journal *L'Iskra*

« Le journal n'est pas seulement un propagandiste collectif et un agitateur collectif ; il est aussi un organisateur collectif. On peut à cet égard le comparer à l'échafaudage dressé autour d'un bâtiment en construction ; il ébauche les contours de l'édifice, facilite les communications entre les différents constructeurs à qui il permet de répartir la tâche et d'embrasser l'ensemble des résultats obtenus par le travail organisé [...]. Ce journal serait comme une partie d'un gigantesque soufflet de forge qui attise chaque étincelle de la lutte de classes et de l'indignation populaire, pour en faire jaillir un immense incendie. Autour de cette œuvre encore très innocente et encore très minime par elle-même [...] se recruterait systématiquement et s'instruirait une armée permanente de lutteurs éprouvés. »

Source : LÉNINE [1902].

Les cadres de l'expérience

Une des dimensions novatrices de l'attention portée au travail politique de diffusion de schémas de perception du monde social vient de l'utilisation de la *frame analysis*. Cette analyse des « cadres de perception » ou d'« expérience » est issue de Goffman [1991] chez qui elle désigne ce qui permet aux individus de « localiser, percevoir, identifier, classer les événements de leur environnement, de leur vécu et du monde ».

Sollicité par Snow et Benford [1986], Gamson [1989], ce modèle vise à identifier des répertoires de cadres de perception. Il peut s'agir de la notion de « droit à... » de l'usage de références proverbiales ou mythiques comme l'idée du pacte avec le diable pour parler des risques de l'électronucléaire, de concepts empruntés à une culture juridique (service public, principe de publicité), de la sollicitation de stéréotypes sociaux ou nationaux. Ces réservoirs de cadres de perception et de construction de la légitimité de la cause font l'objet d'incessants bricolages, de détournements. Snow et ses coauteurs en proposent une ingénieuse typologie qu'aiderait à comprendre l'image du photographe professionnel travaillant à cadrer son cliché de façon à construire l'image la plus apte à satisfaire ses commanditaires. L'opération la plus radicale est la *transformation* complète du cadre. Il s'agit ici d'invalider un cadre social de perception pour lui substituer une tout autre grille de lecture. Toute l'action du mouvement MADD (*Mothers against drunk drivers*) constitué aux États-Unis par des mères de victimes de chauffards s'est ainsi construite sur des campagnes répétées pour modifier la perception des accidents dus à l'alcool. Contre la vision routinisée des accidents comme simple donnée statistique, fatalité du samedi soir ou sottise de conducteurs imprudents, MADD a diffusé l'image dramatique et émotionnellement chargée du chauffard tueur, de l'ivrognerie criminelle.

La *connexion* de cadres (*bridging*) consiste plus modestement à souligner les convergences entre des thèmes communs à deux mobilisations. Les pacifistes texans soulignent ainsi, pour élargir leurs soutiens, la charge écologique de la lutte contre l'arme nucléaire. L'*extension* de cadre opère une association entre la cause défendue et des pratiques valorisées par le groupe cible, promues comme intrinsèquement liées à la mobilisation : les concerts de SOS Racisme, la thématique *Rock against racism* en Grande-Bretagne en donneraient des illustrations. L'un des intérêts de ces approches est de réintégrer, dans l'analyse des mouvements sociaux, une dimension du culturel, d'y souligner l'incessant travail de recyclage de croyances, de références historiques, de stéréotypes, de savoirs partagés dans le travail de légitimation des causes, de rendre par là intelligible la force des mouvements qui savent aussi mobiliser ce que Gamson nomme des « résonances culturelles », un sens commun du temps ou du groupe.

La place des médias dans les mobilisations

L'analyse des représentations et des croyances dans les mobilisations passe aussi par celle du principal forum où sont mis en scène les mouvements sociaux : les médias. La place prise en particulier par les médias audiovisuels, jointe aux processus de nationalisation, parfois d'internationalisation des mobilisations, rend particulièrement stratégique une « bonne » couverture médiatique des protestations. Les médias ne sont pas en ce domaine un simple support sur lequel se projettent les discours des groupes mobilisés, ils sont désormais largement partie prenante des interactions du mouvement social [Neveu, 1999].

Mises en scène et mobilisations de papier

L'un des enjeux forts de la *frame analysis* tient à sa capacité à mettre en relation les représentations des groupes mobilisés et celles des médias, avec plus de rigueur que les références, souvent floues et dénonciatrices, aux idéologies et discours dominants. Les travaux de Gamson [1992] développent ainsi une comparaison systématique et quantifiée des contenus des médias et des représentations observables dans divers milieux sur un ensemble de thèmes fortement mobilisateurs. Si les médias apparaissent comme une ressource cognitive de première importance, Gamson montre que les divers publics en sont rarement les récepteurs acritiques. De façon plus originale, il met en évidence deux caractéristiques du discours de presse défavorables aux mouvements sociaux : les problèmes et enjeux y sont rarissimement problématisés dans un « cadre d'injustice » qui désigne des victimes et des responsables ; l'idée d'un pouvoir d'influence sur ces enjeux par le truchement de l'action collective est largement étrangère au discours journalistique.

Les mises en scène du nucléaire

A partir d'un dépouillement et d'un codage très rigoureux d'un important corpus de presse américaine, Gamson et Modigliani travaillent à identifier les différentes « panoplies » interprétatives par lesquelles la presse écrite et audiovisuelle traite ce dossier. Une panoplie (*package*) combine un cadre interprétatif central (exemple : atome = progrès), et un jeu de métaphores, d'images — le cliché d'une salle de contrôle ultramoderne de centrale —, d'événements de références, de thèmes qui relient le discours à une culture, le vulgarise. Une panoplie peut recouvrir des déclinaisons : l'idée de progrès peut s'associer au culte de la technique, ou à l'idée d'un bien-être partagé.

Jusqu'aux années soixante, la panoplie exclusive est un modèle *progrès* qui souligne les potentialités extraordinaires de l'atome, avec une très faible dimension critique sur les risques. Les années soixante-dix voient apparaître deux panoplies nouvelles. *Solutions douces* insiste sur la nécessité d'explorer d'autres modes, plus écologiques, de production d'énergie. *Contrôle public* introduit, *via* les mouvements consuméristes symbolisés par Ralph Nader, un cadre d'analyse insistant sur l'absence de contrôle public sur les firmes du secteur électronucléaire. La fin des années soixante-dix voit émerger une panoplie *Runaway* qui, sur un mode fataliste, développe l'image d'un nucléaire Frankenstein échappant à ses créateurs. A la suite de l'accident de Three Miles Island apparaîtra un modèle, *Le marché du diable*, qui souligne les coûts diaboliques qui accompagnent inévitablement les bienfaits de l'atome.

L'analyse insiste sur trois variables qui déterminent la réception et l'intégration des panoplies par le discours médiatique. Quelles sont les résonances culturelles d'une panoplie ? Le modèle du progrès est parfaitement accordé aux valeurs de l'Amérique triomphante et sûre d'elle des années de croissance. Quels sont les promoteurs possibles d'une panoplie, quelle est leur force sociale ? En quoi les pratiques professionnelles des journalistes favorisent-elles ou non telle panoplie ? Le poids donné par les routines professionnelles aux sources institutionnelles est de nature à favoriser ici le discours officiel des autorités fédérales et des entreprises. L'exemple envisagé suggère cependant la capacité de mouvements sociaux à faire entrer dans l'univers médiatique des panoplies interprétatives dissonantes comme *Contrôle public* — plus que *Solutions douces* dont les promoteurs sont trop peu structurés et peu crédibles aux yeux des journalistes. Les panoplies médiatiques aident à comprendre comment un enjeu potentiel peut être plus ou moins facilement pris en charge par un mouvement social, selon qu'existent (après 1970) ou non (avant) des repères cognitifs, des cadres d'interprétation qui rendent possibles la diffusion et la réception d'un travail de mobilisation du consensus.

Source : W. GAMSON et A. MODIGLIANI [1989].

L'importance des médias ressort aussi de l'intériorisation, par les groupes mobilisés, des impératifs d'une action qui obtienne leur relais. On verra, lors d'une prise d'otage au siège d'une compagnie turque à Paris, un négociateur officiel arracher la reddition du commando en soulignant que tarder davantage priverait le groupe de la possibilité d'images et de déclarations au journal télévisé de vingt heures. L'observation des journaux télévisés permet de repérer de nombreuses situations où, dans des pays nullement anglophones, les manifestants brandissent des panneaux en anglais à l'attention de CNN et des médias internationaux. Les travaux de Champagne [1984, 1990] ont mis en évidence la façon dont, aux manifestations traditionnelles, construites avant tout pour créer un rapport de force, permettre l'expression du groupe, se sont ajoutées des manifestations de « second degré ». Parfois organisées avec le soutien de conseils en communication, recourant volontiers à des mises en scène élaborées, elles visent à produire une image valorisante du groupe et de ses revendications à l'intention des médias. Leur enjeu est surtout de produire dans la presse du lendemain une « manifestation de papier » qui fasse voir et bien voir le groupe, suscite de la sympathie dans le corps social et d'épaisses revues de presse que liront ministres et hauts fonctionnaires à l'issue des opérations quotidiennes de dépouillement des médias par leurs services.

L'analyse du rôle des médias sur et dans les mouvements sociaux est toujours grosse d'un risque, surtout sous la plume d'universitaires détrônés de leur magistère intellectuel par les journalistes : celui de glisser du constat à la dénonciation du « pouvoir des médias » ou à la célébration de leurs vertus démocratiques. Trois rappels sont utiles avant de chercher à expliciter ce « pouvoir » médiatique en matière de mouvements sociaux. On soulignera d'abord que, sur ce terrain, faits et croyances se séparent malaisément. Le « pouvoir » réel des médias quant à l'issue de nombreuses mobilisations est souvent difficile à mesurer objectivement. Mais, dès lors que les protagonistes d'un mouvement social sont persuadés que ce « pouvoir » existe et demande une attention particulière, ils agiront en conséquence, imputeront à la presse leurs échecs, plus rarement leurs succès. En second lieu, on soulignera que la « couverture » des mobilisations et donc le rôle possible de la presse sont très disparates. De nombreuses micromobilisations locales reçoivent une couverture modeste. En d'autres cas, quelques articles peu visibles dans un segment de presse spécialisé peuvent jouer un rôle important pour telle corporation. Mais plus encore, toutes les formes d'action concertée en faveur d'une cause ne cherchent pas les mêmes relais médiatiques. Parce que connectés institutionnellement aux centres de décision, de nombreux groupes (industriels, grands corps de l'État) font ordinairement un usage modéré des médias puisque des interventions plus feutrées leur permettent de défendre leurs revendications. Enfin et surtout, il faut interroger les ambiguïtés du mot « pouvoir ». Ce qui, dans la façon de couvrir l'événement, est décrit en termes de puissance de la presse (donner ou non une place importante à un mouvement, en parler de façon critique ou bienveillante) pourrait s'analyser aussi en termes d'impuissance ou de limites de la difficile activité journalistique. Difficulté à se libérer des sources institutionnelles, à développer un journalisme d'investigation et d'explication de dossiers complexes, difficulté à surmonter des formes d'ethnocentrisme professionnel et à rendre compte, non avec complaisance mais avec compréhension, de mobilisations issues de milieux sociaux très éloignés de celui des élites journalistiques. Il faut en fait penser le pouvoir des médias — et il existe — en termes d'interdépendances au sein d'un réseau de protagonistes (groupes mobilisés, composantes diverses du monde des médias, conseillers en communication, autorités publiques) dont aucun ne dispose jamais d'une maîtrise totale de la « couverture » du mouvement social.

Les médias, acteurs des mouvements sociaux

Journalistes et professionnels des médias peuvent devenir acteurs à part entière des mouvements sociaux. Les situations dans lesquelles activistes et journalistes se trouvent dans une relation ambiguë d'associés-rivaux sont nombreuses (voir Juhem [1999] sur le cas de SOS Racisme). Le zèle avec lequel les médias français reproduisent ces « photos de groupe avec Kalachnikof » qu'affectionnent les clandestins corses, ou couvrent à chaud des heures durant un attentat sur lequel ils ne disposent d'aucune information pertinente vaut un bon service de communication pour ceux qui recourent à la violence. Oberschall [1993] a pu montrer combien le *Movement* contestataire des années soixante aux États-Unis avait instrumentalisé — parfois théorisé (*cf.* Rubin, *Do It !* Seuil, 1971) — l'instrumentation des médias. Ne disposant pas d'une organisation très structurée, ni même d'une grande cohérence idéologique, les activistes contestataires vont utiliser les médias comme substitut d'une structure de coordination, jouant sur des moments de mobilisations dramatisés, comme lors de la convention démocrate de Chicago en 1968, que les médias alimentent en les couvrant. Mais en évitant ainsi les coûts de maintenance d'une forte organisation, les activistes fragilisaient la mobilisation. L'essoufflement du *Movement*, le déplacement de l'intérêt des médias vers d'autres dossiers vont provoquer une chute rapide de l'impact de l'agitation, qui en accélère de façon brutale la dislocation, faute du relais mobilisateur des comptes rendus réguliers dans les journaux télévisés. Le livre de Gitlin [1980] sur le traitement du SDS par les médias américains fournit une des plus denses études de cas disponibles sur les formes et la réalité des influences médiatiques sur un mouvement contestataire. Celles-ci vont de la stimulation de vagues d'adhésion à la vedettisation des leaders, en passant par une réorientation complète des énergies militantes, déplacées d'un travail de terrain quotidien vers des gestes symboliques à fort potentiel médiatique.

Le rôle d'acteur des médias découle aussi des modes de « cadrage » que ceux-ci imposent à certains dossiers. Cette construction médiatique des mouvements et malaises sociaux ne résulte pas, pour l'essentiel, d'un dessein politique explicite des journalistes ou des patrons de presse. Elle découle, de façon plus compliquée et moins intentionnelle, du réseau des interactions qui structurent le travail médiatique, spécialement à la télévision. S'y mêlent les impératifs de la vitesse et de l'information en temps réel, l'impossibilité fréquente d'une enquête sérieuse dans ces conditions, le peu de travail sur les dossiers d'une partie des journalistes, les effets du vedettariat, la pression à produire des images dotées d'une forte charge émotionnelle et spectaculaire, elle-même liée à la quête des audiences maximales et des financements publicitaires (Accardo [1995], sur la couverture télévisée de la mobilisation des marins-pêcheurs).

Le résultat de ces processus est caractéristique sur le dossier des banlieues [Champagne, 1991]. Abusivement sollicitée, la mythologie du ghetto aboutit à des raccourcis d'analyse qui stigmatisent les habitants. On verra, à Vaulx-en-Velin, une chaîne de télévision commander à une agence d'images un reportage dont les vedettes devaient être un *dealer* et un casseur masqué, et refuser simultanément la diffusion d'un reportage centré sur la parole de responsables associatifs du quartier et des agents réellement mobilisés pour répondre au malaise des résidents. Sans céder à l'illusion d'une restitution pure ou fidèle des mobilisations, on ne peut que souligner l'importance des biais factuels, des partis pris interprétatifs que recèle cette façon de travailler. Elle aboutit, à l'égard des récepteurs peu familiers du dossier traité, à susciter une perception privée d'épaisseur historique, d'explication des causalités complexes des mobilisations. Elle pousse les pouvoirs publics à traiter de façon souvent cosmétique les malaises sociaux pour en prévenir les manifestations plus que pour en combattre les causes. Le traitement politique de nombre de problèmes sociaux se trouve ainsi objectivement enrayé et compliqué par le souci journalistique d'en donner une vision simple ou frappante.

Décembre 1995
à la télévision

La couverture du mouvement de décembre 1995 est typique du rôle joué par les médias. Les journaux télévisés ont accordé une place considérable aux réactions des « usagers » parisiens privés de transports en commun, à coups de « micro-trottoirs » aux contenus répétitifs. Les reportages auprès des grévistes ont souvent été d'une grande superficialité, limités à quelques phrases d'interlocuteurs rassemblés autour d'un photogénique brasero. L'organisation même des débats faisait la part belle aux professionnels du commentaire et habitués des plateaux de télévision. Elle permettait rarement à des interlocuteurs peu habitués aux rituels des studios de développer témoignages et analyses avec le temps minimal que requièrent l'expression du vécu, l'explicitation de leurs difficultés.

Le comportement des présentateurs et animateurs de débats révèle aussi que, bien que connaissant souvent superficiellement les dossiers sociaux, ils entendent garder le contrôle des thèmes traités, s'opposer à l'irruption de problématiques non programmées. Ils se placent dans une position de surplomb qui met les participants au mouvement en position de se justifier au nom de la gêne qu'ils imposent, des dommages infligés à l'économie nationale. Le comportement des journalistes manifeste aussi un traitement différencié (marques de déférence, temps de parole, interruptions du locuteur) selon le statut des invités. La mise en scène d'un débat apparemment démocratique, puisque reposant sur le face-à-face des protagonistes, aboutit à faire bénéficier d'un avantage structurel ceux qui, par formation ou habitude, sont des professionnels de la parole, des registres d'expression doctes, simplistes ou émotionnels que privilégie le média.

(Sur ce sujet, voir la confrontation entre P. Bourdieu et D. Schneidermann dans *Le Monde diplomatique* d'avril et mai 1996.)

Le registre thérapeutique

Le rôle des médias à l'égard des mouvements sociaux ne se limite pas aux séquences de mobilisation. La façon dont les enjeux sociaux sont pris en charge par les moyens d'information et un ensemble de professions orientées autour d'un travail symbolique contribue aussi à dissoudre la possibilité de penser des souffrances individuelles comme relevant d'une réponse en termes de problème social. C'est pourquoi il faudrait intégrer, dans une réflexion sur les mouvements sociaux, la place prise par des émissions de type *reality-show* ou les nouvelles formes des forums télévisuels. L'un des éléments fédérateurs de ces programmes est de mettre en scène un ensemble de difficultés et de malaises vécus en en proposant un traitement qui les renvoie à des difficultés relationnelles, des carences à communiquer, à écouter, à nouer avec autrui des relations adéquates [Mehl, 1995]. Un des effets de cette mise en scène des malaises vécus est de les sérialiser, de les individualiser, de renvoyer vers les « victimes » la charge d'y remédier par un travail de nature thérapeutique sur elles-mêmes. Les médias ne sont pas le seul site de ce mode de gestion individualisé des tensions et conflits, comme le manifeste l'essor de multiples activités de conseil et de thérapie psychique, conjugale, communicationnelle, de « gestion des ressources humaines ».

Ces évolutions sociales suggèrent d'ajouter au triptyque d'Hirschman une quatrième branche : *thérapie*. L'un des effets de ce que Robert Bellah nomme le « schème psychosalvationnel » est de réduire la potentialité de la prise de parole, puisque les sources de mécontentement sont ainsi renvoyées à un déficit de communication ou de capacité à s'adapter des protagonistes de la relation. La catégorie du « problème de communication » [Neveu, 1994] joue un rôle particulièrement stratégique. Elle fut invoquée pour expliquer les mobilisations de cheminots en 1988, celle sur le « Smic jeunes » en 1994. Cette pseudo-explication passe-partout fonctionne dans une logique de dépolitisation, gomme l'existence objective de situations de mécontentement ou d'inégalités. Elle ramène la conflictualité à une pathologie née des carences pédagogiques des puissants à expliquer des décisions qui s'imposent et des crispations des exécutants devant toute remise en cause de leur situation par les impératifs de la modernité ou du marché mondial.

Une sociologie de la construction des problèmes publics

L'attention croissante accordée aux dimensions symboliques et idéologiques, aux interactions entre les médias, les mouvements sociaux et les autorités permet aussi de désenclaver l'analyse des mouvements sociaux, de ne plus les cantonner à des parenthèses protestataires, mais de réinsérer leur action dans une problématique plus vaste de construction des problèmes sociaux. Bien que complexe, la question sous-jacente peut s'exprimer simplement : qu'est-ce qui fait que, parmi la variété des situations possibles de conflit, de demandes d'intervention du politique, certaines parviennent à accéder à la visibilité ? Au statut de « problèmes » dans les colonnes des hebdomadaires et les agendas gouvernementaux ? D'autres pas ?

Les modes de mise sur agenda

Les « problèmes sociaux » ne sont pas des objets trouvés. Ils naissent d'un travail de transformation — éventuellement de création — de mécontentements en revendications argumentées, de construction de rapports de force pour obtenir réponses et mesures. Mais les mouvements sociaux ne sont qu'une des sources d'entrée des problèmes sur l'agenda des médias et des autorités [Garraud, 1990]. Le processus peut aussi venir d'une offre politique, lorsqu'un parti fait d'un dossier sans grands porte-parole son cheval de bataille. Les médias peuvent également jouer un rôle autonome, comme l'illustre la réglementation du financement des partis, largement née du traitement journalistique de divers scandales. Plus souvent encore, le simple suivi des dossiers routiniers par les administrations centrales, une action corporatiste de groupes de pression peuvent aboutir au traitement d'un problème sans faire grand bruit dans l'espace public. Il est utile de pouvoir articuler l'action des mouvements sociaux à ces modes plus routinisés de construction des problèmes publics.

La pluralité de ces portes d'entrée signifie que, pour ne pas voir la résolution de leur « problème » exclusivement tributaire d'une mobilisation coûteuse et difficile à maintenir, les responsables des mouvements sociaux ont intérêt à rechercher des connexions durables avec les autres circuits de traitement des problèmes sociaux. Certaines modalités de cette démarche sont déjà familières, comme la création d'événements ou de messages à l'intention des médias, telles les vidéos aux images chocs des Zodiac d'écologistes s'interposant devant les baleiniers islandais que Greenpeace offre généreusement aux chaînes de télévision. La quête de relais partisans peut être une autre tactique. Mais le complément le plus efficace au processus de mobilisation reste de s'introduire durablement dans les négociations avec les autorités administratives et gouvernementales, de pénétrer dans le cercle des agents considérés comme habilités à gérer un type de dossier, que Gusfield [1981] nomme les « propriétaires des problèmes publics ». Si ces stratégies peuvent apparaître comme une série de choix, elles sont en fait fortement liées. Accéder au statut de *propriétaire* revient à être reconnu dans un système d'arènes interconnectées où se côtoient des protagonistes associés par leur investissement sur un problème : par exemple, journalistes médicaux, industries pharmaceutiques, chercheurs, syndicats de médecins, administrations sanitaires et sociales dans le cas de la santé publique.

La force de l'institué

Faire l'économie de la mobilisation permanente dans la gestion d'un problème public implique, pour un mouvement social, une logique d'institutionnalisation. Celle-ci peut être contradictoire avec le recours aux répertoires les plus énergiques de l'action collective. Elle implique actuellement un fort investissement sur le registre de l'expertise. Gusfield [1981] le montre avec ironie avec le cas des mobilisations contre l'alcool au volant, une gestion technocratique des problèmes implique d'avoir les chiffres et la science avec soi, de consacrer une énergie importante à monter des dossiers. La participation aux instances bureaucratiques de négociation est aussi dévoreuse de temps militant. Une des causes de la crise du syndicalisme français est à chercher dans l'absorption de ses cadres dans une myriade de commissions et comités bureaucratiques paritaires qui accentuent la coupure entre les représentants et une base ténue.

On retrouve ici la tension, suggérée par Piven et Cloward, devant laquelle se trouve tout mouvement social. Soit il ne joue que le registre de la mobilisation, stratégie risquée qui peut le cantonner dans un statut de trublion traité de façon répressive. Soit il tente de cumuler le registre mobilisé à d'autres modes de maintien de « son » problème à l'agenda et il prend alors le risque d'entrer dans un scénario de domestication. Ce dilemme n'existe à vrai dire que là où un « problème » a déjà reçu un minimum d'institutionnalisation et où existe le « réseau d'opérateurs » [Hilgartner et Bosk, 1988], de guichets vers lesquels peut se tourner le mouvement. Cela peut expliquer *a contrario* le choix forcé du registre mobilisé par le mouvement écologiste pendant une longue période où n'existaient ni administrations en charge du dossier, ni journalistes spécialisés, ni même un dense tissu d'associations axées sur cette cause [Anderson A., 1991], et corrélativement ses possibilités d'institutionnalisation à mesure de la consolidation d'un réseau d'agents et d'institutions capables d'assurer le suivi de ce dossier.

VIII / Mobilisations et systèmes politiques

L'analyse des mouvements sociaux a durablement souffert d'un déficit d'attention à la diversité des systèmes politiques. Même des modèles sensibles à cet élément, comme la typologie d'Oberschall, la *polity* chez Tilly, demeuraient assez frustes. La question du politique semble s'y limiter à l'accès des mouvements aux autorités, au traitement différencié réservé aux protestataires selon la perception de la menace qu'ils incarnent pour le système. Quant aux politiques publiques, elles sont en général à peine évoquées, comme si elles constituaient un univers déconnecté de la mobilisation. Il n'est donc pas excessif de dater des années quatre-vingt la prise en compte par l'analyse des systèmes politiques et institutionnels.

La structure des opportunités politiques

Une notion utile mais spongieuse

Amorcée par McAdam [1982], la problématique de la structure des opportunités politiques va surtout être systématisée par Sidney Tarrow [1989] dans une étude sur le « mai rampant » italien. Fondamentalement, cette notion désigne l'état d'une structure de jeu dans laquelle se développe un mouvement social. Elle vise à mesurer le degré d'ouverture et de vulnérabilité du système politique aux mobilisations. On peut l'illustrer en suggérant que, à mobilisation égale, des contextes politiques augmentent ou minorent les chances de succès de mouvements sociaux. Le mouvement de 1986 contre la loi Devaquet, les mobilisations contre le « Smic jeunes » ont tiré profit du contexte de cohabitation et de la proximité d'échéances électorales. A l'inverse, le mouvement des « sans-papiers » de l'été 1996 se développe dans une conjoncture politique plus défavorable, marquée par le souci du gouvernement de ne pas s'aliéner les électeurs sensibles au discours xénophobe du Front national, par la faiblesse des relais politiques à la mobilisation, sans même parler de la difficulté à mobiliser des soutiens au cœur du mois d'août en France.

La problématique de Tarrow met en évidence quatre facteurs. Le premier a trait au *degré d'ouverture du système politique* : en fonction des traditions démocratiques, d'une culture politique, des orientations des gouvernants, le déploiement des activités protestataires donnera lieu à une tolérance, une réceptivité toute différentes. Manifester expose à plus de risques à Pékin qu'à Paris. Les revendications des mouvements basque ou breton seront reçues différemment dans le contexte jacobin des années soixante, ou lors de la mise en œuvre des lois de décentralisation. Il faudrait adjoindre aux critères de Tarrow la capacité inégale dont peuvent faire preuve les partis et forces politiques à intégrer dans les rangs de leurs élus les porte-parole des mouvements sociaux. Une part de la réussite électorale locale du Parti socialiste à partir de 1977 s'explique par sa capacité à accueillir sur ses listes des personnalités en vue du monde associatif et militant.

Le deuxième élément concerne le *degré de stabilité des alliances politiques*. Plus les rapports de force politiques sont figés et les résultats électoraux stables, moins des mouvements sociaux peuvent espérer tirer profit des jeux d'alliances ou des besoins électoraux des partis pour se faire entendre. McAdam montre ainsi que l'un des ressorts du succès du mouvement des droits civiques aux États-Unis dans les années soixante tient à des données de sociologie électorale. Le poids des Noirs progresse au sein du corps électoral, les mouvements migratoires lui donnent une importance jusque dans les États du Nord. Le développement d'un électorat noir républicain suscite aussi un double mouvement, favorable au vote de lois antiracistes, d'intérêt chez certains élus républicains et de reconquête du vote noir au parti démocrate. A l'inverse, le système italien de l'époque, bloqué par le poids de la Démocratie chrétienne et la position hors système du PCI, est très peu perméable aux demandes des mouvements sociaux, comme le montrera le blocage de la réforme du divorce, pourtant objet de réelles mobilisations.

En simplifiant le modèle de Tarrow, nous associerons dans une troisième variable la question de l'existence possible de *forces relais à des positions stratégiques* et celle de *divisions des élites*. Le clivage entre une haute administration modernisatrice et attentive à l'internationalisation de l'économie et un personnel politique plus « provincial » et traditionnel sous la IVe République en est un exemple. Une telle situation permet aux porte-parole des grandes entreprises de trouver dans les administrations centrales des relais plus attentifs que les ministres en exercice. La réception de l'abbé

Pierre à Matignon en décembre 1993, au cœur d'une vague d'occupations d'immeubles parisiens, n'était pas sans lien avec les divisions du RPR dans la perspective des présidentielles. Enfin, les opportunités politiques dépendent aussi de la capacité d'un système politique à *développer des politiques publiques*, à apporter des réponses aux mouvements sociaux. La tâche ne se pose pas dans les mêmes termes pour des gouvernements instables, des exécutifs impuissants ou des équipes gouvernementales assurées de leur continuité, relayées par des administrations efficaces.

La conjonction de ces variables permet de construire des indicateurs de sensibilité des systèmes politiques aux mouvements sociaux. Mais, comme le montre Bourdieu [1984] lorsqu'il analyse les réactions des universitaires face aux mutations de leur monde social à la veille de 1968, un usage de la notion de structure qui évite l'objectivisme doit intégrer une dimension des perceptions sociales. La remarque vaut pour une structure d'opportunités politiques. La perception, vraie ou fausse, qu'ont les acteurs de leurs chances de succès détermine leur comportement et leur combativité, qui pèsent en retour sur certaines composantes de cette structure d'opportunité. McAdam le met en évidence à propos du mouvement des droits civiques. Les sondages réalisés aux États-Unis montrent que la perception optimiste des possibilités de changement dans l'éducation des enfants, les salaires, la promotion sociale devient majoritaire à la fin des années cinquante chez les Noirs. Ces représentations galvanisent aussi le mouvement puisque 47 % des Noirs sondés se disent en 1963 prêts à aller en prison pour leur cause.

La problématique des opportunités suscite bien des questions quant à sa délimitation. Faut-il y intégrer, comme le fait Tarrow, la prise en compte de cycles de protestation, comparables aux cycles économiques ? Une telle extension ne place-t-elle pas dans l'explication ce qu'il faut précisément expliquer ? Faut-il penser les bévues et maladresses dont l'histoire politique abonde lors des séquences de déclenchement des mouvements sociaux comme une création d'opportunité ? Le conflit infirmier de 1988 a eu pour détonateur un décret supprimant l'obligation du baccalauréat pour accéder à cette profession, ce qui fut reçu comme une marque de mépris. La question des évolutions lentes des structures sociales comme les données démographiques, les modèles culturels, les changements économiques pose d'autres problèmes. L'histoire du mouvement noir américain est inintelligible si elle n'intègre pas la crise du coton et la migration massive vers le nord des années vingt. Mais si l'analyse des mouvements sociaux doit s'insérer dans une prise en compte des données de morphologie sociale, elle doit les distinguer des opportunités politiques, sous peine de vider ce mot de tout sens.

Comme le notent Gamson et Meyer [*in* McAdam, McCarthy et Zald, 1996] : « Le concept de structure des opportunités politiques est en difficulté, il risque de devenir une éponge qui absorbe virtuellement tous les aspects de l'environnement des mouvements sociaux — institutions politiques et culture, crises de toutes natures, alliances politiques, revirement des politiques publiques. Sollicité de trop expliquer, il pourrait bien ne plus rien expliquer. » Plusieurs des textes rassemblés dans le récent recueil de McAdam, McCarthy et Zald [1996] s'efforcent d'ailleurs de procéder aux clarifications devenues indispensables sur une notion dont la fortune prend des allures suspectes (*cf.* aussi Tarrow [1994]).

Les dynamiques du conflit

La réflexion sur le concept d'opportunités politiques s'est récemment traduite par une attention accrue à la logique des confrontations et des échanges tactiques entre protagonistes dans les séquences de mobilisation.

Un premier axe de réflexion s'est traduit dans l'attention croissante accordée au comportement des institutions répressives de l'État. Cette variable figurait déjà dans les travaux de Tilly. Elle a fait l'objet d'un investissement récent des chercheurs français et italiens qui ont contribué à articuler sociologie des mouvements sociaux et sociologie de la police. L'un des points de convergence de ces travaux est de suggérer une forme de « civilisation » — au sens eliasien — de l'usage des forces de l'ordre. La gestion policière des mouvements sociaux tend sur le long terme à minimiser les formes les plus violentes d'usage de la contrainte physique, à leur substituer des stratégies d'intimidation, de tenue à distance des manifestants [Bruneteaux, 1995]. Della Porta et Reiter [1996] ont proposé une grille d'analyse centrée sur le glissement d'une « police de gouvernement » à une « police des citoyens ». Cette transition se traduit par un recul tendanciel des stratégies de confrontation violente et de répression pure contre les activités protestataires au profit d'un modèle négocié de maintien de l'ordre, où le déploiement des activités protestataires dans l'espace public s'opère sur la base d'une coopération et d'une entente préalable entre forces policières et organisateurs de mobilisation. On verra même en Allemagne dans les années soixante-dix des policiers des « discussionkommando », sans armes, chercher par la discussion à prévenir les débordements des manifestants les plus déterminés. Della Porta et Reiter esquissent l'idée d'émergence de ce qui pourrait être désigné comme un troisième répertoire policier : le modèle informatif. Le travail de la police consiste alors à conjuguer des moyens traditionnels de surveillance et de connaissance des activistes (fichage, dépouillement de la presse militante) avec l'usage de technologies de surveillance de l'espace public (vidéosurveillance des lieux publics) qui permettent d'identifier et d'individualiser les protestataires dont les actions violentes rompent le consensus de la protestation négociée. Si elles décrivent une tendance lourde qu'il est possible d'objectiver à partir de données comme les chiffres des victimes des affrontements avec la police ou l'examen de l'équipement des forces policières, ces analyses doivent cependant prendre en compte le poids d'une culture « virile » de la force dans les personnels de police et de gendarmerie [Fillieule, 1996], la persistance de nombreux cas où les logiques de situation du maintien de l'ordre se traduisent par la résurgence de comportements violents — dont les exécutions de preneurs d'otages à l'issue de l'affaire d'Ouvéa en Nouvelle-Calédonie en 1986 donnent une illustration extrême. Les analyses de Donatella Della Porta [*in* McAdam, McCarthy et Zald, 1996] soulignent aussi la valeur de variable stratégique des politiques de répression ou de négociation. Le comportement des forces policières et répressives, tant en termes de surveillance et de contrôle des organisations de mouvement social (possibilité de dissolution d'organisations, régime de la garde à vue) que par les formes de leurs interventions dans l'espace urbain, constitue l'un des signaux clés que peuvent adresser les autorités politiques quant à la structure des opportunités politiques. Ces stratégies policières jouent aussi un rôle déterminant quant aux formes organisationnelles et aux répertoires protestataires utilisés par les mouvements sociaux.

En élargissant la réflexion sur les processus de constitution et de déplacements d'alliances politiques que suggérait la problématique des opportunités politiques, les travaux récents ont aussi contribué à enrichir la sensibilité à la dynamique des mobilisations. L'image réductrice d'un mouvement se développant contre l'État ou un adversaire institutionnel (entreprise, bureaucratie) s'est compliquée d'une attention inédite au phénomène des contre-mouvements [Meyer et Staggenborg, 1996] dont les revendications viennent s'opposer à celles des groupes mobilisés, comme l'illustre le cas des luttes entre « Pro-Choice » et « Pro-Life » à propos de l'avortement aux États-Unis. L'une des suggestions paradoxales de ce chantier de recherche est de montrer que les victoires d'un mouvement, loin de clore la mobilisation, suscitent en plus d'un cas la contre-mobilisation de groupes qui s'estiment lésés par les réformes. Cette possibilité est particulièrement stimulée par ce que certains auteurs désignent sous le nom d'effet *radical-flank* : l'apparition aux franges d'une mobilisation de groupes radicaux est tout particulièrement de nature à susciter une contre-mobilisation. Gitlin [1980] en donne un cas d'école en montrant comment les dérives radicales et violentes des mouvements étudiants américains à l'époque de la guerre du Viêtnam ont permis, avec l'aide des médias et le changement d'attitudes de certains décideurs politiques et économiques, de faire cristalliser une opposition « raisonnable » et modérée à l'engagement américain en Indochine. La dynamique mouvements/contre-mouvements constitue aussi un analyseur exceptionnel des effets d'opportunités politiques liés aux structures institutionnelles. L'existence d'un système fédéral, la disponibilité de recours juridictionnels permettent en effet à un protagoniste battu dans une arène (parlementaire par exemple) d'ouvrir d'autres fronts (judiciaire par exemple), de s'investir du fédéral au fédéré et de susciter dans les processus de mobilisation une guerre de mouvement, dont les luttes autour du droit à l'avortement donnent aux États-Unis un exemple parfait.

Mouvements sociaux, politiques publiques

Prendre au sérieux la dimension politique, c'est aussi penser les gouvernants non comme de simples interlocuteurs ou adversaires des groupes mobilisés, mais comme les instigateurs de politiques publiques, de programmes qui cherchent à anticiper la gestion d'un dossier, d'un secteur social particulier. Ces politiques publiques concernent doublement les mouvements sociaux. Elles peuvent à la fois traduire les interventions qu'ils réclament, leur répondre, mais aussi les désamorcer, constituer des outils d'intégration des protestataires, de modelage des répertoires d'action collective.

Types d'État et logiques protestataires

Herbert Kitschelt [1986] a proposé, à partir d'une comparaison sur les politiques dans le domaine du nucléaire, un modèle d'analyse qui permet d'articuler structure des opportunités politiques et politiques publiques. Ce modèle classe les systèmes politiques selon leur degré de réceptivité et d'ouverture aux demandes (*inputs*) des mouvements sociaux. Un système ouvert correspond à une structure des opportunités favorable aux mouvements sociaux. Parmi les indicateurs d'ouverture figure le degré de fragmentation des partis politiques et groupes parlementaires, qui donne alors même à de petites formations, nécessaires pour former une majorité, un pouvoir d'influence. Une influence et un poids réel du législatif face à l'exécutif vont dans le même sens. L'existence de mécanismes de concertation institutionnalisés donnant aux groupes de pression et aux acteurs mobilisés un pouvoir sur la définition des politiques publiques — on peut évoquer ici le modèle « néocorporatiste » — constitue un autre élément d'ouverture. Un système fermé s'identifie aux traits inverses : faible morcellement des partis, stabilité des alliances politiques, Parlement peu influent, exécutif fort et administrations peu enclines à partager leur pouvoir sur le mode d'une cogestion, surtout si ces demandes de participation prennent la forme de mobilisations. Un tel système politique laisse peu de prise aux protestataires sur le système politico-administratif.

De façon plus originale, Kitschelt s'emploie à expliciter la notion d'ouverture d'un système politique autour de trois dimensions. Un mouvement social peut gagner des résultats *procéduraux*, en termes d'accès à des instances de concertation, d'obtention d'un statut d'interlocuteur officiel. Les résultats peuvent être *substantiels*, c'est-à-dire se traduire en mesures concrètes : réformes, lois, changements d'orientation. Les gains peuvent enfin être *structurels*, c'est-à-dire produire une modification de la structure des opportunités politiques elle-même, comme le déclenchement d'élections anticipées, la rupture d'une coalition gouvernementale. On renverra, en ce domaine, aux travaux de Michel Dobry [1986] qui éclairent la genèse et les singularités des situations de crise politique, caractérisées par un phénomène de « désectorisation », d'évanouissement des multiples cloisons et frontières sociales qui forment habituellement, dans les sociétés à forte division du travail, une sorte d'isolant contre la contagion des mobilisations.

Symétriquement à cette capacité d'accueil des demandes et mobilisations (*inputs*), une seconde variable mesure alors le degré de capacité du système à définir et conduire des politiques publiques (*outputs*). Un système marqué par la stabilité, la centralisation, un fort secteur public et un contrôle juridictionnel faible sur les pouvoirs publics pourra produire des politiques publiques nettes. La Vᵉ République en donne de claires illustrations, lorsqu'en 1967 une réforme importante de la Sécurité sociale est adoptée par une technique juridique (les ordonnances) qui court-circuite le Parlement ; ou lorsque la modernisation économique est développée tambour battant malgré les résistances des couches moyennes traditionnelles. Une succession d'équipes gouvernementales divisées, un système fédéral, des recours juridictionnels capables d'entraver les politiques publiques sont, à l'inverse, des variables qui rendent probable un faible débit d'*output*. On peut évoquer ici la façon dont la Cour suprême des États-Unis a pu, temporairement, invalider ou vider de leur substance certaines lois essentielles du *New Deal* de Roosevelt, parfois prises pour répondre aux attentes des groupes mobilisés par la crise de 1929. De la même façon, les garanties — pourtant modestes — que donne la loi Taft-Hartley au développement de l'activité syndicale aux États-Unis sont en fait rognées dans une majorité des États du Sud par des législations fédérées plus répressives qui vident cette loi, pensée au départ (1947) comme un compromis entre le pouvoir fédéral et les syndicats, de toute portée générale et de toute effectivité.

Les travaux récents de l'historienne américaine Theda Skocpol [1993, 1994] peuvent illustrer ces jeux d'influence réciproque entre mouvements sociaux, systèmes politiques et politiques publiques. Dans des recherches qui relativisent l'image des États-Unis comme société éternellement retardataire en matière de protection sociale, Skocpol souligne en particulier deux données. Les formes de la politique sociale aux États-Unis sont pour partie le reflet des mobilisations qui la firent naître : celles des anciens combattants dès l'après-guerre de Sécession, celles du puissant réseau des associations féminines (Fédération générale des clubs de femmes) au début du XXe siècle. Le modèle américain de protection sociale en tire son style « matriarcal », la singularité d'un système de pensions à la fois précocement étendu mais réservé aux anciens combattants. En retour, la dimension fédérale, le rôle politique joué par les tribunaux, le poids durable d'un lobby parlementaire sudiste expliquent l'impossibilité de transformer ces éléments de politique sociale en un système de protection universel sur le modèle des états sociaux européens.

A partir des politiques relatives au nucléaire, Kitschelt esquisse une typologie des rapports entre types d'État, mouvements sociaux et politiques publiques. Dans le modèle « ouvert-fort », illustré par la Suède, domine une stratégie *assimilative* par laquelle les autorités se montrent attentives à la protestation, s'emploient à infléchir les politiques publiques en fonction des mobilisations. Les gains procéduraux et les changements substantiels sont forts mais, par le jeu des concessions et de l'intégration de la protestation, le système politique amortit le choc des mouvements sociaux qui ne le remettent pas en cause. Le modèle « ouvert-faible », illustré par les États-Unis, est assez comparable à celui de la Suède, marqué lui aussi par une logique assimilative — que symbolise bien l'institutionnalisation du *lobbying* — et des gains procéduraux importants. Les gains substantiels sont, en revanche, moins nets, en particulier du fait de la structure fédérale qui multiplie les centres d'impulsion des politiques publiques, réduit la cohérence des *outputs* et, par là, la possibilité de les infléchir à un niveau central. La France incarne un modèle « fermé-fort » dont les caractéristiques sont symétriques à celles du modèle suédois. Ici domine une logique de confrontation — dont Super-Phénix serait un symbole. Les mouvements sociaux n'obtiennent guère de gains significatifs. Ce blocage les conduit à exercer sur le système politique de fortes pressions structurelles, en le remettant en cause de façon conflictuelle ou « extraparlementaire », en tentant de pénétrer directement (création de partis écologistes) dans un système partisan perçu comme imperméable aux demandes.

MOBILISATIONS ET POLITIQUES PUBLIQUES : UNE TYPOLOGIE

Structure des *outputs* (capacité à conduire des politiques publiques)	*Mode d'accueil des demandes* (inputs) *politiques*	
	Ouvert	*Fermé*
Fort	Suède	France
Faible	États-Unis	Allemagne

Malgré les divers paramètres qu'il sollicite, le modèle de Kitschelt peut paraître simplificateur. Comme en convient l'auteur, les dichotomies ouvert-fermé et, plus encore, fort-faible demanderaient à être détaillées. Il est également douteux que ces variables fonctionnent à l'identique pour tous les mouvements sociaux quelle que soit la nature des enjeux sur lesquels ils se déploient. Le système français « fermé » s'est révélé remarquablement ouvert aux revendications de la jeune génération paysanne des années soixante, à travers le vote des lois d'orientation défendues par Edgar Pisani. Ce système « fort » a, en revanche, le plus grand mal à conduire avec cohérence des politiques publiques dans le domaine universitaire. De nombreux paramètres gagneraient également à être intégrés, à commencer par le profil politique des gouvernants, mais aussi des protestataires, comme le montre l'abandon par le gouvernement Mauroy du projet de centrale de Plogoff en 1981, à la veille de législatives.

Le chaînon manquant

La problématique de Kitschelt a le mérite de faire penser la structure des opportunités politiques non comme un simple coefficient de probabilité pour la réussite des mouvements sociaux, mais comme une *médiation* essentielle qui permet à la fois de relier les groupes mobilisés et leurs stratégies, et de penser la capacité de l'État à canaliser les formes de la protestation.

Les groupes mobilisés intègrent la structure des opportunités politiques dans le développement de leurs stratégies. Cette perception peut d'abord prendre une forme « préréflexive », dépourvue de tout calcul. Elle se nourrit alors de réminiscences historiques (réunir des « états généraux », « C'est reparti comme en 36 »), des répertoires traditionnels d'un groupe qui, parce qu'ils ont suscité des victoires historiques, peuvent se perpétuer de façon presque fétichiste, d'une culture politique parfois condensée à des certitudes élémentaires (« Avec eux, il n'y a que la violence qui paye »). Cette forme de culture protestataire peut aboutir à des contresens dans l'évaluation des rapports de force et des modes de mobilisation efficaces, telle l'illusion de « refaire 68 » dans les grèves étudiantes de l'après-Mai.

Cette culture n'en est pas moins intériorisation d'une forme de sagesse protestataire quant à l'art de mener le combat, d'utiliser répertoires et opportunités. La gestion de la structure d'opportunité peut, à l'inverse, prendre la forme de calculs tactiques proches du modèle de l'action rationnelle : l'affaiblissement visible d'un gouvernement, une échéance électorale, le fiasco de mesures répressives donnent alors le signal d'une accentuation de la mobilisation. Enfin, l'activité tactique vaut aussi pour le choix des sites. Le savoir protestataire consiste aussi à identifier les bons « guichets », les procédures efficaces. Les mouvements écologistes, les associations de quartier ont constaté de longue date que la participation aux commissions extramunicipales et les pétitions étaient médiocrement efficaces pour enrayer un grand projet de remodelage ou un équipement urbain lourd. Elles ont simultanément perçu la ressource considérable que leur offraient la complexité et le formalisme des procédures d'enquête d'utilité publique et les possibilités élargies d'ester en justice. Les tribunaux administratifs ont de la sorte bloqué plus de chantiers urbains que les manifestations.

Mais la structure des opportunités n'est pas la résultante, passivement subie par les gouvernants, des rapports de force avec les protestataires, des fluctuations du système partisan ou des alliances parlementaires. Elle est aussi construite par les autorités à travers l'institution de structures de concertation, l'ouverture de recours juridictionnels, l'encouragement ou la répression de formes d'organisation ou d'expression, l'octroi de monopoles juridiques de représentation. Kriesi et Wisler [1996] ont ainsi pu montrer, dans le cas suisse, l'ambivalence des techniques de démocratie directe, comme le référendum d'initiative populaire. Elles ouvrent aux protestataires un « guichet » en apparence facilement accessible (à Zurich, une pétition signée par moins de 2 % des électeurs suffit). Mais si ces techniques de prise de parole suscitent une « civilisation » de la protestation, le refus d'y recourir aboutit aussi à une forme de disqualification des protestataires, de traitement répressif de leurs mobilisations.

Bref, il faut souligner que *les mouvements sociaux peuvent aussi être modelés, canalisés, créés* parfois *par les pouvoirs publics*. Les travaux relatifs au néocorporatisme [P. Schmitter et G. Lehmbruch, 1992 ; Hassenteufel, 1990] ont contribué à rendre visible cette vérité si contraire à la routinière opposition entre État et société civile.

L'institutionnalisation des « nouveaux mouvements sociaux »

Parce que présentés comme typiques de l'opposition à l'État et aux mécanismes d'institutionnalisation, les nouveaux mouvements sociaux constituent un excellent terrain pour relativiser la pertinence de l'opposition société civile-État.

Le développement de certains de ces mouvements s'est trouvé stimulé par les pouvoirs publics. Ce sont eux qui regroupent dès 1951 diverses structures liées au dossier de la consommation dans l'Union fédérale des consommateurs, qui se voit reconnaître un statut d'interlocuteur officiel et exclusif sur ces dossiers. Le rapport Rueff-Armand de 1959 soulignera la contribution que peuvent apporter les consommateurs mobilisés à la modernisation économique. Il s'ensuivra la création de nouvelles structures (CNC) au sein du ministère de l'Économie. Créé en 1967 avec le statut juridique d'établissement public, l'Institut national de la consommation sera, sous l'impulsion d'Henri Estingoy, l'un des catalyseurs du mouvement consumériste, à travers sa revue *Cinquante Millions de consommateurs*, qui tire à 280 000 exemplaires au début des années soixante-dix. De son côté, le ministère de l'Environnement organise, à partir de 1975, des stages de formation au profit des cadres des mouvements associatifs.

La collaboration conflictuelle entre administrations et mouvements sociaux peut encore s'observer dans les rapports que nouent les ministères « nouveaux » (Environnement, Consommation, Condition féminine) avec les groupes mobilisés. Parce que souvent en position dominée dans les structures politico-administratives, ne disposant ni du relais des « grands corps », ni de budgets et services extérieurs très étoffés, ces administrations cherchent le soutien des associations qui interviennent sur leur secteur. Le ministère de l'Environnement a joué en 1983 la mobilisation des associations de pêcheurs contre le travail de *lobbying* parlementaire d'EDF pour faire passer une loi qui imposait des contraintes fortes en matière de protection du poisson sur les cours d'eau.

Ces rapports aboutissent à des situations où s'imbriquent des « administrations militantes » dont les responsables sympathisent souvent avec les causes qu'ils ont à gérer et des mouvements sociaux partiellement phagocytés par une collaboration institutionnalisée à la définition et à la mise en œuvre des politiques publiques. Les associations écologistes participent ainsi au Conseil national de protection de la nature, à la Commission supérieure des sites, au Conseil supérieur des installations classées, au Conseil national du bruit, au Conseil de l'information sur l'énergie nucléaire, sans compter les structures mises en place par les collectivités locales. Pareil investissement suppose un gros travail d'expertise sur dossiers qui contribue à modeler le style de l'écologisme militant. Le développement de la capacité d'agir en justice reconnue par les lois françaises aux associations de défense de la nature, les ressources juridiques que leur apporte le droit communautaire ont également poussé les organisations écologistes à fréquenter plus les prétoires que la rue.

La dimension du conflit ne disparaît pas. L'administration, même « nouvelle », doit suivre les priorités politiques du gouvernement, jouer la solidarité gouvernementale. Côté associatif, le souci d'autonomie, l'existence de dossiers et d'organisations plus conflictuels peuvent amener des confrontations. Mais même celles-ci seront souvent pacifiées par la médiation du droit ou de l'expertise.

Sources : OLLITRAULT [1996], SPANOU [1991].

Il suffit de prêter attention au phénomène pour identifier rapidement de multiples formes de formatage des possibilités d'action protestataire par les pouvoirs publics : versement de subventions dont le renouvellement peut être soumis à conditions, monopole syndical de présentation des candidats aux élections professionnelles, mise sur pied d'ordres professionnels chargés de gérer certains problèmes de la corporation, soutien à des organisations professionnelles jugées plus raisonnables. L'histoire des formes de cette intervention publique pourrait, elle aussi, donner lieu à une théorie des « répertoires d'action étatique » sur les mobilisations, expliquer bien des évolutions des registres protestataires. Gosta Esping-Andersen parle à ce propos de « formulaires de revendications », pour suggérer la capacité des pouvoirs publics à canaliser jusqu'aux protestations en leur proposant de véritables parcours fléchés : guichets ou interlocuteurs bien identifiables, définition implicite ou explicite de comportements qui susciteront la répression ou, à l'inverse, la bienveillance, procédures d'encadrement juridique du recours à l'action comme les multiples cas de réglementation du droit de grève. L'une des hypothèses qui se dégagent de ces travaux et de leurs conclusions pourrait être résumée dans l'image d'une tendance générale au mimétisme entre les structures des organisations protestataires et celles des États auxquels elles se confrontent [Giugni, 1996], qu'il s'agisse de leur structuration sur le territoire en fonction des découpages administratifs, ou des effets du découpage de l'appareil d'État en ministères et administrations spécialisées. L'organisation écologiste internationale WWF est ainsi fortement centralisée en France, décentralisée au niveau cantonal en Suisse.

De nombreux exemples peuvent illustrer ces stratégies des autorités. Elles peuvent consister à donner des responsabilités gestionnaires aux protestataires potentiels. La gestion des régimes de protection sociale par les syndicats de salariés, la véritable cogestion corporatiste du ministère de l'Agriculture en sont des illustrations. Des techniques de disqualification peuvent aussi fonctionner. Tarrow souligne ainsi combien le choix d'une politique fortement répressive visait à amener les mouvements extraparlementaires italiens au choix entre une pacification de la protestation ou la clandestinité complète. Plus discrètement, la législation fiscale sur le timbre aura permis au second Empire de porter un coup décisif à une littérature de colportage et à des journaux considérés par les pouvoirs publics comme les supports d'un mauvais esprit protestataire. Replacer l'État dans un statut de protagoniste à part entière, et non de simple objet des revendications des mouvements sociaux, n'est donc pas une simple clause de style, mais une condition de compréhension des formes et destinées des mobilisations.

Conclusion

Parce qu'ils traduisent malaises sociaux et modifications culturelles, révèlent la naissance de solidarités collectives ou la dislocation de groupes dont la cohérence avait fini par paraître évidente, les mouvements sociaux sont à la fois une constante de la vie sociale et un phénomène sans cesse changeant. Une sociologie des mouvements sociaux ne saurait donc être un savoir définitif, un édifice achevé.

Cet ouvrage aurait atteint son but s'il pouvait montrer à la fois la complexité de ces processus, bien peu compatibles avec les diagnostics simples et péremptoires dont s'accompagne trop souvent leur commentaire à chaud, et suggérer simultanément que cette complexité n'est pas perméable à toute analyse, pour qui consent à l'effort de se doter d'une boîte à outils théorique.

On a parfois reproché aux sciences sociales de ressembler à une collection de modèles théoriques, où le dernier venu avait quelques chances de l'emporter provisoirement. L'évolution de l'analyse de l'action collective depuis un quart de siècle infirme cette description. L'un des aspects les plus passionnants des travaux récents est d'échapper enfin à l'alternative des grosses machineries théoriques drapées d'illustrations superficielles ou des analyses de cas fines mais non généralisables. Les savoirs accumulés permettent désormais d'articuler le « macro » et le « micro », structures sociales et vécu des individus mobilisés.

La lecture des travaux récents de McAdam [1982, 1988] ou d'Oberschall [1993] rendra visibles les progrès accomplis. Dans son étude sur la nouvelle droite chrétienne en Caroline du Nord, Oberschall illustre cette marche vers une grille de lecture globale. Il reprend les outils d'analyse élaborés en 1973, souligne la force du maillage de liens associatifs et paroissiaux dans l'univers de classes moyennes inférieures qui constituent la base du courant, leur position « segmentée ». Mais l'attention se déplace aussi vers les idéologies du groupe, les effets de ses croyances religieuses, son style de vie qui convergent pour valoriser, bien avant un idéal, peu accessible, de promotion sociale, des valeurs de convivialité et de moralité partagées au sein de la communauté. La tentative d'imposer par la loi et l'intervention étatique une éthique chrétienne intégriste à toute la population se lit alors comme une stratégie visant à sauver une sociabilité communautaire qui donne sens aux existences, à empêcher une socialisation dissonante des jeunes par les médias ou un monde scolaire laïcisé. De tels travaux contribuent à faire entrer la sociologie des mobilisations dans une optique authentiquement « compréhensive » : attentive au vécu des personnes, aidant à comprendre avant de juger. Ils peuvent à ce titre inspirer aussi trois remarques finales.

La première sera de regretter une forme de Yalta disciplinaire par lequel les sociologues s'occupent presque exclusivement des pays développés, laissant aux spécialistes des « aires culturelles » le soin de penser le tiers monde. Une coopération entre spécialistes confronterait la sociologie à des objets inédits, réduirait certainement le flot des commentaires simplets qui ont encore cours dans les médias sur des sujets comme l'islamisme. Sur ce sujet, des travaux comme ceux d'Olivier Roy [1992] manifestent la force de telles coopérations disciplinaires.

La deuxième serait de souligner que « comprendre » les mouvements sociaux ne débouche en rien sur une posture de relativisme mou, consistant à les percevoir comme de purs objets d'intellection, dans l'indifférence à leurs contenus. Pour le citoyen soucieux d'agir ou de réagir face à des mobilisations qui mettent en cause des principes de justice sociale, menacent des valeurs universalistes issues des grandes révolutions du XVIIIe siècle, comprendre des mouvements sociaux qui semblent parfois mobiliser les plus démunis contre leurs intérêts peut être le préalable à une action efficace.

Enfin, si la sociologie ne distribue pas de bons points aux mouvements sociaux, elle peut souligner certaines significations politiques des mobilisations contemporaines. Dans une majorité des États des tiers mondes où n'existent ni les procédures et traditions des démocraties occidentales, ni les conditions socio-économiques objectives susceptibles de leur donner un minimum d'efficacité, le recours aux mobilisations demeure l'élément stratégique des entreprises de changement politique. Avec des résultats contrastés, souvent générateurs d'un travail de deuil chez ceux qui, en Occident, ont pu s'enthousiasmer pour ces mouvements, les évolutions de pays aussi divers que l'Iran, Haïti, la Palestine, la Corée du Sud peuvent illustrer ces dynamiques des mouvements sociaux du Sud.

Dans les pays du « Nord », associés aux variantes du modèle démocratique, la vitalité persistante des mouvements sociaux est aussi riche de portée. Elle manifeste, dans de larges segments de la population, un rapport de défiance au modèle représentatif classique fondé sur une délégation durable d'autorité aux gouvernants. Elle suggère aussi les limites de ce que certains analystes ont désigné comme la *démocratie d'opinion* où le jeu des sondages, l'information par les experts et l'écoute de l'opinion publique permettraient une intervention « continue » de la *vox populi*, une prise en compte en temps réel des attentes sociales entre deux élections. Si elles tentent de prendre acte des évolutions objectives du modèle démocratique et peuvent susciter une réflexion féconde, ces représentations sont aussi des formes d'idéologies professionnelles de ceux (journalistes, sondeurs) dont la raison sociale est de se faire les ventriloques de l'opinion publique. Le débat sur la « démocratie d'opinion » exige une réflexion digne de ce nom sur ce qu'est l'« opinion publique » et sur ses significations [Gaxie, 1990]. Il suppose aussi que soient pensées comme les résultats de luttes et d'interdépendances entre forces sociales — et non comme des données qui s'imposeraient objectivement — la nature des problèmes sociaux qui occupent le devant de la scène, la façon de les problématiser, d'y répondre par des politiques publiques ou des gestes symboliques.

Nombre de mouvements sociaux peuvent aussi se lire comme une critique en actes de cette « démocratie d'opinion » lorsqu'ils mettent en cause l'autorité avec laquelle les experts de toute nature, à commencer par les experts en traduction de ce que veut l'opinion, entendent légiférer sur des questions qui affectent le quotidien sans une écoute attentive des groupes et personnes concernées, sans prise en considération de la diversité des intérêts et croyances. Le sentiment vécu de ne pas être entendu, écouté, respecté que restituent nombre de mobilisations récentes invite encore à méditer sur la paradoxale conjugaison entre le règne proclamé de l'« opinion publique » et le sentiment d'abandon vécu par nombre de titulaires de cette souveraineté statistique.

La vitalité de ces logiques de mobilisation vaut donc, de façon confuse, comme une critique en actes d'un monde politique professionnalisé, souvent autiste par polarisation sur ses enjeux ésotériques. Elle suggère aussi la persistance de mécanismes d'exclusion politique, de situations où ni la représentation politique, ni les marchandages néocorporatistes, ni les forums médiatiques ne permettent à des groupes de se faire entendre et écouter, à des problèmes d'être pris en charge. C'est dire que l'analyse des mouvements sociaux constitue un terrain de choix pour appréhender tant les attentes nouvelles que les désillusions que suscite le modèle démocratique tel qu'il s'incarne.

Index

Repères bibliographiques

Figurent accompagnés du signe * les ouvrages qui peuvent être considérés comme des classiques, des lectures fondamentales sur l'analyse des mouvements sociaux.

Figurent accompagnés du signe # les ouvrages qui offrent des études de cas particulièrement riches.

ACCARDO A., *Journalistes au quotidien*, Le Mascaret, Bordeaux, 1995.

AGULHON M., *La République au village*, Plon, Paris, 1970 #.

ANDERSON A., « Source Strategies and the Communication of Environmental Affairs », *Media Culture and Society*, 1991, 4, p. 459-476.

ANDERSON B., *L'Imaginaire national*, La Découverte, Paris, 1996 (1re éd., 1983).

ARENDT H., *Le Système totalitaire*, Seuil, Paris, 1972 (1re éd., 1951).

BALDASSARE M. (éd.), *The Los Angeles Riots, Lessons for the Urban Future*, Westview Press, Boulder, 1994.

BARROWS S., *Miroirs déformants*, Aubier, Paris, 1990 (1re éd., Yale University Press 1981).

BERGER S., *Les Paysans contre la politique*, Le Seuil, Paris, 1975 (1re éd., Harvard University Press, 1972).

BERNSTEIN Mary, « Celebration and suppression : The strategic uses of identity by the lesbian and gay movement », *American Journal of Sociology*, vol. 103, 3, 1997, p. 531-565.

BLUMER H., « Collective Behaviour », *in* LEE (éd.), *New Outline of the Principles of Sociology*, Barnes and Noble, New York, 1946.

BOURDIEU P., *Le Sens pratique*, Minuit, Paris, 1980.

BOURDIEU P., *Homo academicus*, Minuit, Paris, 1984 #.

BOURDIEU P., « Un acte désintéressé est-il possible ? », *in Raisons pratiques*, Seuil, Paris, 1994 *.

BRAUD P., « L'émotion en politique », Presses de Sciences-Po, Paris, 1996.

BRUNETEAUX P., *Maintenir l'ordre*, Presses de Science-Po, Paris, 1995.

CALHOUN C., *Neither Gods nor Emperors : Students and the Struggle for Democracy in China*, University of California Press, Berkeley, 1995.

CHAFFEE L., « Dramaturgical Politics : the Culture and Ritual of Demonstrations in Argentina », *Media Culture and Society*, 1993, 1, p. 113-135.

CHAMPAGNE P., « La manifestation », *Actes de la recherche en sciences sociales*, n° 52-53, 1984, p. 18-41 #.

CHAMPAGNE P., *Faire l'opinion*, Minuit, Paris, 1990.

CHAMPAGNE P., « La construction

médiatique des malaises sociaux », *Actes de la recherche en sciences sociales*, 1991, nº 90, p. 64-75.

COHEN J., « Strategy or Identity : New Theoretical Paradigms and Contemporary Social Movements », *Social Research*, vol. 52, 4, 1985, p. 663-716.

DALTON R. et KUECHLER M., *Challenging the Political Order : New Social Movements in Western Democracies*, Polity Press, Londres, 1990.

DARNTON R., *Le Grand Massacre des chats*, Laffont, Paris, 1985 (1re éd., Basic Books, 1984).

DELLA PORTA D., « Il terrorismo di sinistra », *Il Mulino*, Bologne, 1990.

DELLA PORTA D. et REITER H., « Da "polizia del governo" à "polizia dei cittadini" ? La politiche dell'ordine pubblico in Italia », *Stato e Mercato*, nº 48, 1996, p. 433-465.

DELLA PORTA D. et KRIESI H., « Movimenti sociali e globalizzazione », *Rivista Italiana di Scienza Politica*, 3, 1983, p. 451-482.

DOBRY M., *Sociologie des crises politiques*, Presses de Sciences-Po, Paris, 1986 *.

DUBAR C., *La Socialisation*, Armand Colin, Paris, 1991.

DUBET F., *La Galère. Jeunes en détresse*, Fayard, Paris, 1987 #.

DUBET F. et LAPEYRONNIE D., *Les Quartiers d'exil*, Seuil, Paris, 1992.

ELEGOËT F., *Révoltes paysannes en Bretagne*, Éditions du Léon, Plabennec, 1984 #.

ENGELS F., *La Guerre des paysans en Allemagne*, Éditions Sociales, Paris, 1974 (1re éd., 1850).

FAVRE P., « Nécessaire mais non suffisante, la sociologie des effets pervers », *Revue française de science politique*, 1977, p. 1229-1271.

FAVRE P., *La Manifestation*, Presses de Sciences-Po, Paris, 1990.

FILLIEULE O., *Sociologie de la protestation*, L'Harmattan, Paris, 1993.

FILLIEULE O., *Stratégies de la rue*, Presses de Sciences-Po, Paris, 1996 #.

FILLIEULE O. et PÉCHU C., *Lutter ensemble, les théories de l'action collective*, L'Harmattan, Paris, 1993.

FRIEDBERG E., « Les quatre dimensions de l'action organisée », *Revue française de sociologie*, vol. 33, 1992, 4, p. 531-557.

GAMSON W., *The Strategy of Social Protest*, Wadsworth Pub., Belmont, Cal, 1990 (1re éd., 1975) *.

GAMSON W. et MODIGLIANI A., « Media Discourse and Public Opinion on Nuclear Power : a Constructionist Approach », *American Journal of Sociology*, 1989, p. 1-37 #.

GAMSON W., *Talking Politics*, Cambridge University Press, Cambridge, Mass, 1992.

GARRAUD P., « Politique nationale, élaboration de l'agenda », *L'Année sociologique*, vol. 40, 1990, p. 17-41.

GARRIGOU A., *Le Vote et la Vertu : comment les Français sont devenus électeurs*, Presses de Sciences-Po, Paris, 1992.

GAXIE D., « Économie des partis et rétributions du militantisme », *Revue française de science politique*, 1977, p. 123-154 *.

GAXIE D., « Au-delà des apparences », *Actes de la recherche en sciences sociales*, nº 81-82, 1990, p. 97-112.

GEAY B., « Espace social et "coordinations" ; le mouvement des instituteurs de l'hiver 1987 », *Actes de la recherche en sciences sociales*, nº 86-87, 1991, p. 2-24 #.

GITLIN T., *The Whole world is Watching Mass media in the making & unmaking of the new left*, University of California Press, Berkeley, 1980 #.

GIUGNI M., « Federalismo e movimenti sociali », *Rivista Italiana di Scienza Politica*, 1, 1996, p. 147-170

GOFFMAN E., *Asiles*, Minuit, Paris, 1968.

GOFFMAN E., *Les Cadres de l'expérience*, Minuit, Paris, 1991 (1re éd., 1974).

GURR T., *Why Men Rebel ?*, Princeton University Press, Princeton, 1970 *.

GUSFIELD J., *Drinking-Driving and the Symbolic Order : the Culture of Public Problems*, University of Chicago Press, Chicago, 1981 (1re éd., 1963) #.

GUSFIELD J., *Symbolic Crusade : Status Politics and the American Temperance Movement*, University of Illinois Press, Urbana, 1986 (1re éd., 1963) *#.

HASCOËT D., *De la JAC à la politique*, Caligrammes, Quimper, 1992.

HASSENTEUFEL P., « Où en est le paradigme corporatiste ? », *Politix*, nº 12, 1990, p. 75-81.

HASSENTEUFEL P., « Pratiques représentatives et construction identitaire », *Revue française de science politique*, vol. 41, 1991, 1, p. 6-25.

HILGARTNER S. et BOSK C., « The Rise and Fall of Social Problems », *American Journal of Sociology*, vol. 94, 1988, p. 53-78 *.

HIRSCH E., « Sacrifice for the Cause : Group Processes, Recruitment and Commitment in a Student Social Movement », *American Sociological Review*, vol. 55, 1988, p. 243-254 #.

HIRSCHMAN A., *Défection, prise de parole et loyauté*, Fayard, Paris, 1995 (1re éd., Harvard University Press, 1970) *.

HIRSCHMAN A., *Bonheur privé, action publique*, Fayard, Paris, 1983 (1re éd., Princeton University Press, 1982).

HUNT S. et BENFORD D., « Identity Talk », *Journal of Contemporary Ethnography*, vol. 22, 4, 1994, p. 488-516.

INGLEHART R., *The Silent Revolution. Changing Values and Political Styles Among Western Democracies*, Princeton University Press, Princeton, 1977.

JUHEM P., « La participation des journalistes à l'émergence des mouvements sociaux. Le cas de SOS Racisme », *Réseaux*, nº 98, 1999, p. 119-152.

KERGOAT D., IMBERT F. et LE DOARÉ H., *Les Infirmières et leur coordination*, Lamarre, Paris, 1992.

KITSCHELT H., « Political Opportunity Structure and Political Protest : Anti-nuclear Movements in Four Democracies », *British Journal of Political Science*, 1986, p. 57-85 #.

KLANDERMANS B., « Mobilization and Participation : Social-psychological Expansions of Resource Mobilization Theory », *American Sociological Review*, vol. 49, 1984, p. 583-600.

KLANDERMANS B. et OEGEMA D, « Potentials, Networks, Motivations and Barriers Steps Toward Participation in Social Movements », *American Sociological Review*, vol. 52, 1987, p. 519-531.

KNOKKE D., « Incentives in Collective Action Organizations », *American Sociological Review*, vol. 53, 1988, p. 311-329.

KOOPMANS R., « The Dynamics of Protest Waves : West Germany 1965 to 1989 », *American Sociological Review*, 1993, p. 637-658.

KORNHAUSER W., *The Politics of Mass Society*, The Free Press, Glencoe, 1959.

KRIESI H., « Sviluppo organizzativo dei nuovi movimenti sociali e contesto politico », *Rivista italiana di scienza politica*, vol. 23, 1, 1993, p. 67-117.

KRIESI H., KOOPMANS R., DUYVENDACK J.-W. et GIUGNI M., *New Social Movements in Western Europe*, UCL, Londres, 1995.

KRIESI H. et WISLER D., « Social Movements and Direct Democracy in Switzerland », *European Journal of Political Research*, 1996, p. 19-40.

LACROIX B., *Durkheim et le politique*, Presses de Sciences-Po, Paris, 1981.

LARAÑA E., JOHNSTON H. et GUSFIELD J. (eds), *New Social Movements : from Ideology to Identity*, Temple University Press, Philadelphia, 1994 *.

LE BON G., *Psychologie des foules*, PUF, Paris, 1991 (1re éd., 1895).

LE GOFF J.-P., *Le Mythe de l'entreprise*, La Découverte, Paris, 1992.
LÉNINE V., *Que faire ?*, Éditions de Moscou, 1972 (1re éd., 1902).
LE ROY LADURIE E., *Le Carnaval de Romans*, Gallimard, Paris, 1979 #.
MANN P., *L'Action collective. Mobilisation et organisation des minorités actives*, A. Colin, Paris, 1991.
MARX K., *Les Luttes de classes en France 1848-1850*, Éditions Sociales, Paris, 1970 (1re éd., 1850).
MARX K., *Le 18 brumaire de Louis Bonaparte*, Éditions Sociales, Paris, 1969 (1re éd., 1852) #.
MATHIEU L., « Une mobilisation improbable : l'occupation de l'église Saint-Nizier par les prostituées lyonnaises », *Revue française de sociologie*, 3, 1999, p. 475-499.
MCADAM D., *Political Process and the Development of Black Insurgency (1930-1970)*, The University of Chicago Press, Chicago, 1982 * #.
MCADAM D., *Freedom Summer*, Oxford University Press, Oxford, 1988 * #.
MCADAM D. et PAULSEN R., « Specifying the Relationship Between Social Ties and Activism », *American Journal of Sociology*, vol. 99, 3, 1993, p. 640-667.
MCADAM D., MCCARTHY J. et ZALD M. (eds), *Comparative Perspectives on Social Movements*, Cambridge University Press, Cambridge, 1996.
MCCARTHY J. D. et ZALD M., « Resource Mobilization and Social Movements : a Partial Theory », *American Journal of Sociology*, vol. 82, 1977, p. 1212-1241 *.
MEHL D., *La Télévision de l'intimité*, Seuil, Paris, 1995.
MELLUCI A, *Sistema politico, partiti e movimenti sociali*, Feltrinelli, Milan, 1990 (1re éd., 1977).
MEYER D. et STAGGENBORG S., « Movements, Counter-movements and the Structure of Political Opportunities », *American Journal of Sociology*, vol. 101, 1996, p. 1628-1660.
MICHELS R., *Les Partis politiques*, Flammarion, Paris, 1971 (1re éd., 1914).
MORRIS A. et MCCLURG-MUELLER C., *Frontiers in Social Movements Theory*, Yale University Press, New Haven, 1992 *.
MOSCOVICI S., *Psychologie des minorités actives*, PUF, Paris, 1979.
MULLER P., *Les Politiques publiques*, PUF, Paris, 1990.
NEVEU E., *Une société de communication ?* Montchrestien, Paris, 1994.
NEVEU E., « Médias, mouvements sociaux, espaces publics », *Réseaux*, n° 98, 1999, p. 17-85.
OBERSCHALL A., *Social Conflict and Social Movements*, Englewood Cliffs, Prentice Hall, 1973 *.
OBERSCHALL A., *Social Movements : Ideologies, Interests and Identities*, Transaction Publishers, New Brunswick, 1993 * #.
OFFERLÉ M., *Sociologie des groupes d'intérêt*, Montchrestien, Paris, 1994.
OLLITRAULT S., « La double circularité de l'écologisme : entre science et militantisme », *Politix*, n° 36, 1996.
OLLITRAULT S., « De la caméra à la pétition web : le repertoire médiatique des écologistes », *Réseaux*, n° 98, 1999, p. 153-185.
OLSON M., *Logique de l'action collective*, PUF, Paris, 1978 (1re éd., Harvard University Press, 1966) *.
OPP K. D. et GERN C., « Dissident Groups, Personal Networks and Spontaneous Cooperation : the East German Revolution of 1989 », *American Sociological Review*, 1993, vol. 58, p. 659-680.
PASSERINI L., *Autoritratto di gruppo*, Giunti, Florence, 1988 #.
PÉCHU C., « Quand les "exclus" passent à l'action », *Politix*, n° 34, 1996, p. 114-133.
PICQ F., *Les Années mouvement*, Seuil, Paris, 1992.
PIVEN F. F. et CLOWARD R., *Poor People's Movements*, Vintage Books, Random House, New York, 1979 (1re éd., 1977).

PUDAL B., *Prendre Parti*, Presses de Science-Po, Paris, 1989.

ROSANVALLON P., *La Crise de l'État-providence*, Seuil, Paris, 1981.

ROY O., *L'Échec de l'Islam politique*, Seuil, Paris, 1992.

SCHMITTER P. et LEHMBRUCH G., *Patterns of corporatist policy-making*, Sage, Londres, 1992.

SCOTT J., *Weapons of the Weak. Everyday Forms of Peasant Resistance*, Yale University Press, 1985 *#.

SIMEAN J., *La Cause des sans-papiers*, Presses de Science Po, Paris, 1998 #.

SKOCPOL T., « Formation de l'État et politiques sociales aux États-Unis », *Actes de la recherche en sciences sociales*, n°s 96-97, 1993, p. 21-37.

SKOCPOL T., *Protecting Soldiers and Mothers*, Harvard University Press, Cambridge, MA, 1994.

SMELSER N., *Theory of Collective Behaviour*, Routledge and Kegan, Londres, 1962 *.

SNOW D., ZURCHER L. et EKLAND-ELSON S., « Social Networks and Social Movements : a Microstructural Approach to Differential Recruitment », *American Sociological Review*, vol. 45, 1980, p. 787-801.

SNOW D., ROCHFORD B., WORDEN S. et BENFORD R., « Frame Alignment Processes, Micromobilization and Movement Participation », *American Sociological Review*, 1986, p. 787-801.

SOMMIER I., *La Violence politique et son deuil. L'après-68 en France et en Italie*, Presses universitaires de Rennes, Rennes, 1998.

SPANOU C., *Militants et fonctionnaires : l'administration et les nouveaux mouvements sociaux*, L'Harmattan, Paris, 1991.

TARDE G., *L'Opinion et la Foule*, PUF, Paris, 1989 (1re éd., 1901).

TARROW S., *Democracy and Disorder : Protest and Politics in Italy 1965-1975*, Clarendon Press, Oxford, 1989.

TARROW S., *Power in Movement*, Cambridge University Press, Cambridge, 1998.

THOMPSON E. P., *Whigs and Hunters*, Penguin, Harmondsworth, 1975.

THOMPSON E. P., *Customs in Common*, Penguin, Harmondsworth, 1993.

TILLY C., *From Mobilization to Revolution*, Addison-Wesley, Reading, Mass, 1976 *.

TILLY C., *La France conteste de 1600 à nos jours*, Fayard, Paris, 1986 (Harvard University Press, 1986) #.

TOURAINE A., *La Voix et le Regard*, Seuil, Paris, 1978 *.

TOURAINE A., HEGEDUS S. et WIEVIORKA M., *La Prophétie antinucléaire*, Seuil, Paris, 1980.

TOURAINE A., WIEVIORKA M. et DUBET F., *Le Mouvement ouvrier*, Fayard, Paris, 1984.

TURNER R. et KILLIAN L., *Collective Behaviour*, Prentice Hall, Englewood Cliffs, 1957.

VEYNE P., *Comment on écrit l'histoire ?*, Seuil, Paris, 1971.

WEBER E., *La Fin des terroirs*, Fayard, Paris, 1983 (1re éd., Stanford University Press, Stanford, 1976).

Table

Collection

R E P È R E S

dirigée par

JEAN-PAUL PIRIOU

avec BERNARD COLASSE, PASCAL COMBEMALE, FRANÇOISE DREYFUS, HERVÉ HAMON, DOMINIQUE MERLLIÉ *et* CHRISTOPHE PROCHASSON

Le revenu minimum garanti, n° 98, Chantal Euzéby.
Les revenus en France, n° 69, Yves Chassard et Pierre Concialdi.
La santé des Français, n° 180, Haut Comité à la santé publique.
Les sciences de l'éducation, n° 129, Éric Plaisance et Gérard Vergnaud.
La sexualité en France, n° 221, Maryse Jaspard.
La sociologie économique, n° 274, Philippe Steiner.
La sociologie de Durkheim, n° 154, Philippe Steiner.
Sociologie de l'éducation, n° 169, Marlaine Cacouault et Françoise Œuvrard.
Sociologie de l'emploi, n° 132, Margaret Maruani et Emmanuèle Reynaud.
Sociologie de l'organisation sportive, n° 281, William Gasparini.
La sociologie de Marx, n° 173, Jean-Pierre Durand.
La sociologie de Norbert Elias, n° 233, Nathalie Heinich.
Sociologie des entreprises, n° 210, Christian Thuderoz.
Sociologie des mouvements sociaux, n° 207, Erik Neveu.
Sociologie des organisations, n° 249, Lusin Bagla-Gökalp.
Sociologie des relations professionnelles, n° 186, Michel Lallement.
La sociologie du chômage, n° 179, Didier Demazière.
Sociologie du droit, n° 282, Évelyne Séverin.
Sociologie du sport, n° 164, Jacques Defrance.
La sociologie du travail, n° 257, Sabine Erbès-Seguin.
La sociologie en France, n° 64, ouvrage collectif.
Sociologie historique du politique, n° 209, Yves Déloye.
Les sondages d'opinion, n° 38, Hélène Meynaud et Denis Duclos.
Les stratégies des ressources humaines, n° 137, Bernard Gazier.
Le syndicalisme en France depuis 1945, n° 143, René Mouriaux.
Le syndicalisme enseignant, n° 212, Bertrand Geay.
Le système éducatif, n° 131, Maria Vasconcellos.
Le système monétaire international, n° 97, Michel Lelart.
Les taux de change, n° 103, Dominique Plihon.
Les taux d'intérêt, n° 251, A. Benassy-Quéré, L. Boone et V. Coudert.
Les tests d'intelligence, n° 229, Michel Huteau et Jacques Lautrey.
La théorie de la décision, n° 120, Robert Kast.
Les théories économiques du développement, n° 108, Elsa Assidon.
La théorie économique néoclassique :
1. Microéconomie, n° 275,
2. Macroéconomie, n° 276,
Bernard Guerrien.
Les théories de la monnaie, n° 226, Anne Lavigne et Jean-Paul Pollin.
Les théories des crises économiques, n° 56, Bernard Rosier.
Les théories du salaire, n° 138, Bénédicte Reynaud.
Les théories sociologiques de la famille, n° 236, Catherine Cicchelli-Pugeault et Vincenzo Cicchelli.
Le tiers monde, n° 53, Henri Rouillé d'Orfeuil.
Le travail des enfants dans le monde, n° 265, Bénédicte Manier.
Les travailleurs sociaux, n° 23, Jacques Ion et Jean-Paul Tricart.
L'Union européenne, n° 170, Jacques Léonard et Christian Hen.
L'urbanisme, n° 96, Jean-François Tribillon.

Dictionnaires
R E P È R E S

Dictionnaire de gestion, Élie Cohen.
Dictionnaire d'analyse économique, *microéconomie, macroéconomie, théorie des jeux, etc.*, Bernard Guerrien.

Guides
R E P È R E S

L'art de la thèse, *Comment préparer et rédiger une thèse de doctorat, un mémoire de DEA ou de maîtrise ou tout autre travail universitaire*, Michel Beaud.
Guide du stage en entreprise, Michel Villette.
Guide de l'enquête de terrain, Stéphane Beaud, Florence Weber.
Voir, comprendre, analyser les images, Laurent Gervereau.

Manuels
R E P È R E S

Analyse macroéconomique 1.
Analyse macroéconomique 2.
17 auteurs sous la direction de Jean-Olivier Hairault

Composition Facompo, Lisieux (Calvados)
Achevé d'imprimer en février 2000 sur les presses de l'imprimerie Campin, Tournai (Belgique)
Dépôt légal : mars 2000.